EXTRAIT DE LA
Revue Morbihannaise

E. SAGERET

TENTATIVE DE CADOUDAL
CONTRE BELLE-ILE
EN JANVIER 1801

VANNES
IMPRIMERIE LAFOLYE FRÈRES
1902

EXTRAIT DE LA
Revue Morbihannaise.

E. SAGERET

TENTATIVE DE CADOUDAL
CONTRE BELLE-ILE
EN JANVIER 1801

VANNES
IMPRIMERIE LAFOLYE FRÈRES
1902

TENTATIVE DE CADOUDAL
CONTRE BELLE-ILE

En Janvier 1801

A la fin de l'année 1800, les royalistes ne pouvaient plus tenir la campagne ; Bernadotte les traquait avec le plus terrible acharnement et les paysans, las de la guerre civile et des maux qu'elle leur causait, voyant leurs prêtres rentrer, la persécution religieuse déjà presque éteinte, ne se souciaient aucunement de reprendre les armes. L'armée des chouans se réduisait à des cadres à peu près vides et les patriotes avaient alors beau jeu d'appeler brigands les insurgés qui restaient ; on les forçait d'en avoir toutes les allures. Au dehors de France, il ne restait aux royalistes que les Anglais comme alliés et ceux-ci, au mois de juin précédent, avaient montré qu'ils ne savaient plus rien oser contre notre littoral.

Que faire ? Comment sauver le parti du Roi d'une ruine aussi prochaine ? Voilà ce que Cadoudal se demandait et ce qu'il espérait pouvoir résoudre, non plus seulement par une insurrection générale toujours nécessairement faible et locale par rapport à la France entière, quelque puissant d'ailleurs que ce soulèvement parût être, mais en plus par des coups de main tentés contre des points importants. Il lui fallait d'abord sur nos côtes une ou plusieurs bases d'opération où les Anglais toujours maîtres de la mer pussent débarquer des hommes, des armes, des munitions et où enfin le comte d'Artois fût en mesure de venir se mettre à la tête des royalistes de l'Ouest. En même temps les chouans devaient pénétrer dans Paris et y transporter la guerre contre le Premier Consul, prendre Bonaparte ou le tuer dans un combat à ciel ouvert et par suite produire une révolution dans la capitale.

Georges Cadoudal avait en 1800 arrêté ce plan gigantesque et il ne tarda pas à poser les premières pierres de cette œuvre.

Ce n'est pas le lieu de dire ici ce qu'il fit pour en réaliser la partie la plus importante : le coup de main contre le chef du pouvoir exécutif. Disons seulement qu'il avait résolu d'étayer cette entreprise par deux autres secondaires, l'une contre Brest, l'autre contre Belle-Ile. Il se procurerait ainsi les bases d'opération qu'il désirait, celle-ci inaccessible aux Républicains, grâce à la flotte anglaise, mais par cet avantage même moins favorable à un élan offensif et dangereuse à gagner en cas de retraite ; celle-là plus féconde en ressources, plus facile à atteindre et par conséquent moins sûre comme place de refuge, mais également ouverte aux forces qui en sortiraient pour combattre ou à celles qui y rentreraient pour se défendre. En un mot, l'une se complétait par l'autre.

I

La Conspiration

Il fallait donc prendre Belle-Ile et on ne pouvait songer à y réussir que par surprise. En effet, cette importante position, longtemps convoitée par les Anglais, qui du reste n'avaient fait pendant toute la Révolution aucune tentative sérieuse pour s'en emparer, était gardée avec soin. Aux mois de juin et de juillet précédents la flotte britannique se tint continuellement en vue de ses côtes ; elle attaqua le continent par la baie de Quiberon, menaça Groix et par conséquent occasionna une inquiétude continuelle pour Belle-Ile, mais ne poussa pas plus loin ses entreprises.

Cependant le désir de se rassurer sur ce point fit que le Premier Consul envoya à cette époque son aide-de-camp, le colonel ou chef de brigade Lauriston, officier de confiance, homme de valeur, pour inspecter officieusement garnison et matériel et se rendre compte de l'état d'esprit des habitants.

S'il faut en croire le *Moniteur Universel*, journal officiel de l'époque, l'envoyé de Bonaparte se montra très satisfait de sa mission. Le numéro du 13 thermidor (1er août 1800) raconte que le colonel avait trouvé la troupe et les habitants animés des meilleures dispositions pour repousser les Anglais, qu'un certain nombre de soldats, revenus de captivité, sortis des pontons de la Grande-Bretagne, gardaient contre ces ennemis cruels le plus vif et le plus tenace ressentiment, que la place était approvisionnée pour un an et enfin que le général Guillot, commandant l'île, avait assuré le service de manière que rien n'y laissât à désirer. Ce militaire ne manquait pas plus de capacité que de bravoure, qualité toujours et alors surtout moins rare que la première. Il s'était distingué à la prise de Toulon par les Républicains ; dirigeant les éclaireurs, il avait beaucoup contribué à l'attaque et à l'enlèvement de la position dite « Petit Gibraltar », dont l'occupation fit tomber la résistance des insurgés.

Il ne tarda pas à être remplacé par un vétéran des guerres du Morbihan, le général Quantin. Celui-ci était un homme de grande valeur mais dont l'orgueil ambitieux qu'il ne dissimulait pas et dont il faisait même presque parade, tête haute, surpassait peut-être ou du moins égalait les talents. On ne l'aimait pas ; il passait pour méchant, à tort, assure-t-il, mais non sans raison s'il faut le juger d'après ses actes et d'après ses paroles. Sa brusquerie militaire, le franc parler dont il usait envers tout le monde, avertissant même ceux dont il se méfiait qu'il les surveillait, « la besace pleine est au plus fin » n'étaient pas pour améliorer cette mauvaise réputation ; car un tel abord repousse par sa rudesse si cette vivacité et cette franchise ne semblent qu'un masque derrière lequel on pressent une âme pleine de calculs ou de mystères: l'impression produite est analogue à celle que cause une eau claire mais dont on ne peut deviner le fond.

En effet cet officier général avait, malgré ses allures rondes et militaires, un mode d'agir adroit sans doute mais qui paraît par là même dicté plutôt, dans son cas, par l'intérêt que par la philantropie. On eût dit un policier. Il disait de lui-même, ce qui du reste n'était pas pour déplaire à son correspondant Fouché :

« Par goût j'oblige les mendians, les indigens ; je
« fais venir à leur proffit les amendes, mais par politique
« j'aide secrètement quelques dévots indiscrets ; je
« viens même de contribuer à une quête clandestine
« dont le but est l'achat d'ornements et de vases ; je
« vois et fais tout moi-même. Voilà, citoïen Ministre,
« ce me semble, l'art à employer dans les pays fanatisés. »

Ce furent ces moyens, « à la contribution des or-
« nements près, qui me donnèrent quelques succès en
« l'an III dans le département d'Ille-et-Vilaine, qui,
« en l'an IV, me firent battre et enfin désarmer par co-
« lonnes de six cents chouans, sur la place de Vannes,
« Georges Kadoudal et tous les siens ; ce furent encore
« eux qui pendant dix-sept mois et demi conduisirent

« au juste échafaud plus de huit cents brigands
« dans la 8ᵐᵉ division militaire. Je vise haut, citoïen
« Ministre, parce que je deffie qui ce soit au monde de
« m'accuser avec fondement de simonie, de concussion
« apperte ou cachée, d'injustice, de partialité et de
« passion. »

Ce style net, impérieux, original, froid et cherchant
parfois le mot pittoresque, simple et visant à l'esprit,
ce style était bien l'homme. Mais l'homme n'est pas
maitre de faire atteindre à sa destinée le but qu'il vise.
Quantin en est un exemple. Visant haut, il n'atteignit
pas le sommet de sa carrière ni même la gloire ; il
resta dans une demi-pénombre ; il ne devait jamais
briller parmi cette pléiade d'hommes de guerre qui
alors surgissait autour de Bonaparte.

Son commandement était important, plus par la position qu'il défendait que par le nombre d'hommes dont
il disposait. Deux bataillons des chasseurs francs de
l'Ouest, composés surtout d'anciens chouans qu'on avait
enrégimentés après la pacification de février, des canonniers gardes-côtes répandus sur tout le littoral, un faible
détachement de la 30ᵐᵉ demi-brigade d'infanterie légère et enfin et surtout la plus grande partie de la 77ᵐᵉ
de ligne : telles étaient les forces que le général de division Quantin avait sous la main.

La 77ᵐᵉ ne se trouvait cependant pas encore au complet, car un de ses bataillons et deux autres compagnies
restaient sur le continent. Elle comprenait en grande
partie des étrangers ou plutôt des anciens étrangers,
puisque leur pays situé en deçà du Rhin faisait en 1800
partie de la France. Ces soldats, suivant qu'ils parlaient
la langue française ou la langue allemande, portaient,
officiellement pour ainsi dire, le nom de Belges ou celui
d'Autrichiens, souvent même on leur donnait indiffé-

remment l'une ou l'autre appellation. Les Autrichiens, les Impériaux, les Késerliques (*Kaiserlichen* en allemand) recevaient encore dans le peuple, par une altération plaisante, l'épithète de *Quinze-Reliques*.

Or, vers la fin de 1800, parmi ces demi-étrangers, nationaux français depuis quelques années seulement, nés sujets autrichiens, mais français par la race et le langage, nous distinguerons deux jeunes gens dont les lieux d'origine se trouvent actuellement dans le Luxembourg Belge : l'un, Jacques-Joseph Perleau, natif du bourg de Rulle sur la rivière de ce nom, à dix-sept kilomètres nord du département actuel des Ardennes; l'autre, Louis Morel, natif d'Auffaignes dans la région dite des Hautes-Fagnes.

Le premier, dans le mois de décembre 1800, entretenait une correspondance dangereuse avec un de ses anciens camarades ou amis, né dans le même pays que Morel et lui, un déserteur de la 82ᵐᵉ demi-brigade qui se cachait sur le continent. Ce dernier avait même déjà donné plusieurs mois auparavant de l'argent à Perleau et glissé à son oreille quelques paroles relatives à un embauchage des soldats ses camarades au profit de l'armée insurgée. Depuis il lui écrivait « en expressions mystiques de marchandises, il est vrai » pour parler comme Quantin.

Il s'appelait Hubert-Joseph Renard. C'était un laboureur né vers 1778 à Mousseny, commune d'Ortho, sur la rivière l'Ourthe, actuellement dans le Luxembourg belge, alors comprise dans le département de Sambre-et-Meuse.

Une taille moyenne, plutôt haute, 1ᵐ 67 ; des cheveux et des sourcils châtains ; un front sillonné de trois rides profondes ; des yeux gris, un nez gros, un menton carré à peine couvert d'une barbe naissante ; un visage marqué, comme cela se voyait si fréquemment à cette

époque, de petite vérole, composaient les données de
son signalement.

Ce personnage avait donc déserté, nous ne savons
trop à quelle date, mais probablement vers la fin de
l'année 1799. Grâce à son intelligence et au dévouement
qu'il montrait pour le parti royaliste, il était devenu le
secrétaire de l'abbé Le Leuch et l'homme de confiance
de cet ecclésiastique.

Par là même, Renard approchait les généraux des
chouans Georges et Mercier, car ce prêtre faisait partie
de leur conseil. Quartier-maître trésorier général de
l'armée royale, l'abbé Le Leuch visait les bons sur la
caisse des insurgés, et même recevait parfois en dépôt
une partie de leurs fonds. Sous le nom de Mathieu,
d'Yves Mathieu ou d'évangéliste Mathieu, il paraît
souvent dans leurs lettres ou sur les registres de leur
comptabilité. Mais cette fonction importante l'obligeait
à se cacher strictement et il vivait, déguisé en paysan,
protégé par le silence des cultivateurs, errant entre plusieurs maisons sûres munies de caches, sur le territoire
de Pluneret, de Plougoumelen et de Baden.

D'ailleurs toute cette région, comprise entre Vannes,
Auray et le Morbihan, était habitée par des chefs royalistes insoumis, Vincent Hervé, Marc Le Guénédal,
Jacques Kobbe et d'autres; tous anciens officiers supérieurs de la 3ᵐᵉ légion dite de Vannes, ayant connu ou
ayant eu sous leurs ordres nombre de marins et beaucoup de soldats des bataillons francs de Belle-Ile. De
plus, rien ne leur eût été plus facile que de s'entendre
avec un de leurs subordonnés les plus notables, un
nommé Quérel, originaire de Sarzeau, officier de santé,
qui résidait alors au Palais, chef-lieu de l'île.

C'est donc de leur côté que Georges, résolu à prendre
cette place forte, avait jeté les yeux; leur terre et celle
de la légion d'Auray commandée par Jean Rohu se

trouvaient les plus voisines de l'île convoitée. Par la rivière d'Auray, par le Morbihan on communiquait fréquemment avec elle ; enfin Hubert Renard était là pour nouer des intelligences avec les Belges et les Autrichiens de la 77me. Il avait déjà commencé depuis quelque temps, nous l'avons vu, et correspondait avec Perleau. Quant aux chasseurs francs de l'Ouest, on pouvait compter sur eux ; il suffirait de mettre quelques gradés au courant par l'entremise de Quérel.

C'est sur ces entrefaites et pour jeter les bases du complot que le Bonhomme, nouveau nom sous lequel on désignait mystérieusement Georges, encore appelé Muscadin, assembla clandestinement son conseil. Il le réunit sur les lieux mêmes où se trouvaient les éléments de la conjuration, sur le territoire de Pluneret ou de Plougoumelen, dans quelque château ou grange isolée et déserte, sans doute à la tombée de la nuit.

Là vinrent d'abord l'abbé Le Leuch portant le pseudonyme de Communeaux, son secrétaire Hubert Renard, dit La Roche, un nommé Joseph, sacristain de Pluneret qui servait la correspondance, le chef de canton Thuriau ou Mathurin Baudet, et enfin le redoutable Cadoudal qu'accompagnait probablement Jacques Kobbe dit La Ronce, un des officiers les plus marquants de son état-major, breveté lieutenant-colonel par le comte d'Artois dès 1798, appartenant par son origine comme chouan et son lieu de retraite à la légion de Vannes.

On y arrêta la marche à suivre pour s'emparer de l'île. Il fallait d'abord y introduire Renard et dans ce but trouver un homme sûr qui pût lui servir de guide. Or, les chouans de Pluneret et Cadoudal lui-même connaissaient aux environs immédiats d'Auray un riche paysan qui allait souvent à Belle-Ile faire le commerce de chevaux ; il serait facile de fournir au secrétaire de l'abbé Le Leuch un passeport, puisqu'on ne pouvait voyager avec sécurité ni surtout débarquer dans une terre en état de siège sans des papiers de cette sorte, bien en règle.

Une fois là, l'envoyé de Georges s'aboucherait avec des gens de confiance déjà connus soit par le futur guide de Renard, soit par l'abbé Le Leuch ou les autres chefs; l'ancien soldat de la 82ᵉ installerait chez eux une ou plusieurs maisons dites de correspondance, refuges assurés pour lui, centres d'embauchage pour les soldats, point de départ ou d'arrivée pour les lettres et les dépêches secrètes qui s'échangeraient entre les autorités royalistes du continent et leurs affidés de l'île. Enfin, lorsque ceux-ci verraient le fruit de leur travail parvenu à maturité, qu'ils sentiraient la garnison prête à se détacher de ses chefs républicains, l'envoyé personnel de Cadoudal, Jacques Kobbe, son officier d'ordonnance, devrait venir donner en son nom le coup d'œil final du maître.

A ce moment les Anglais n'avaient plus qu'à paraître et ils n'étaient jamais loin. Quel jour se passait sans que leurs voiles ne fussent signalées sur un endroit de la côte ou sur un autre? On comptait les prévenir de ne se présenter qu'en petit nombre pour ne pas donner l'éveil; ainsi leur tentative devait évidemment paraître une diversion et l'on ne s'en méfierait point.

Bientôt, sur un signal convenu, ils auraient poussé une attaque sérieuse; alors Belges et Impériaux de la 77ᵉ, chasseurs francs, canonniers bourgeois appuyés par les habitants feraient volte-face ou tireraient en l'air, encloueraient les canons, ouvriraient les portes de la ville du Palais et de la citadelle.

Tout tombait de cette façon entre les mains des royalistes et de leurs alliés; le général Quantin et ceux qui résistaient étaient faits prisonniers et conduits à bord de la flotte britannique ; on renvoyait les autres dans leurs foyers.

Les malheureux insulaires, courbés jusque-là sous un continuel régime d'exception et de dictature, accablés de charges, souffrant disette et dénûment, logeant sans cesse de nombreux soldats, pourraient alors respirer. On leur promettrait que l'or, l'abondance en vêtements et en vivres reviendraient dans leur île ; et, les Anglais étant maîtres de la mer, cette promesse paraissait facile à tenir.

Mais leur misère matérielle n'était pas la seule ; celle qu'ils éprouvaient au point de vue de la religion l'égalait au moins. Les mesures relativement libérales du gouvernement consulaire n'avaient point franchi le bras de mer qui séparait Belle-Ile du continent. Point d'églises ouvertes, le culte catholique à peine toléré, deux prêtres seulement pour toute cette population, le curé c'est-à-dire le vicaire de Bangor, nommé Penner, et celui du Palais, François Orgebin : voilà en deux mots la situation. Ceux qui défendaient l'autel et le trône y trouveraient donc des oreilles prêtes à les écouter, des cœurs prêts à embrasser leur cause, peut-être même des bras prêts à s'armer pour eux.

Le gouvernement considérait cette terre comme une forteresse ayant l'Océan pour enceinte et la règle que le salut général est la suprême loi avait fait mettre ses habitants presque hors la loi.

Tout favoriserait la propagande des chouans et dans l'élément civil et dans l'élément militaire, car la situation matérielle des troupes était généralement mauvaise : la solde, les vivres, les vêtements manquaient ou laissaient à désirer.

Il fallait donc que Renard partît sans délai et il n'y avait plus qu'à s'entendre avec l'homme qui devait le conduire. Celui-ci se nommait Jacques Jouanno, dit Jaco ; il habitait le Plessisker près Auray, « ferme des ci-devant moines, près le moulin Moulben », dit le général Quantin qui défigurait ici les faits et les noms. Cette tenue, située près du moulin du Poulben, était en effet un bien national qui avait appartenu à la famille de Robien et qui avait été acheté sous la Révolution par un Cauzique d'Auray. Il le louait alors à Jouanno, connu partout comme un personnage faisant l'élève et le commerce des chevaux ; la voix publique l'appelait même « le grand maquignon » et on savait qu'il allait et venait continuellement entre Auray et Belle-Ile.

Comme tout cultivateur il connaissait les chouans et, soit sympathie, soit terreur, soit l'une et l'autre, il s'était plus ou moins compromis avec eux et se tenait pour ainsi dire à leurs ordres. Cinq ans auparavant il faisait ce même voyage de Belle-Ile pour approvisionner de vin l'armée royaliste, s'il faut en croire un laisser-passer daté du 13 avril 1796 trouvé dans sa maison. Ce papier, signé par Georges et par Mercier, était destiné d'après sa teneur à lui assurer libre traversée auprès de la marine anglaise.

Vers la dernière quinzaine de décembre 1800, Jouanno comptait faire de nouveau ce voyage qui lui était si habituel. Il ne s'en cachait pas, au contraire, espérant que d'autres cultivateurs le chargeraient de leur choisir ou de leur fournir des chevaux. Aussi disait-il un jour tout haut son intention dans un cabaret de la ville d'Auray, lieu où il savait que ses paroles seraient recueillies et obtiendraient toute la publicité désirable.

En effet, un paysan qui se trouvait là l'interpella aussitôt et lui dit : « Vous allez à Belle-Ile? » — Oui, répondit le fermier du Plessisker. Sur cette réponse son interlocuteur se tut et sortit.

Deux jours après, comme Jouanno se trouvait dans sa maison ou sur ses terres, un homme vint lui porter un message de la part du prêtre Le Leuch qui demandait à le voir et à lui parler sans délai.

« Pourquoi me demande-t-il ? » interrogea le fermier très intrigué, partagé entre la crainte de déplaire aux chouans et celle de se compromettre dans quelqu'une de leurs affaires.

— « C'est parce qu'il sait que vous devez quitter votre ferme très prochainement. »

Cette réponse ne pouvait calmer la méfiance du paysan ; il sentait bien qu'elle était dilatoire, mais une pareille demande équivalait à un ordre.

Il suivit l'envoyé qui le conduisit au-delà de la rivière d'Auray sur le territoire de Pluneret, vers le sud-est, non loin du Bono, près de la curieuse chapelle de Sainte-Avoye.

Là se faisait remarquer une haute et importante maison, d'un style antique et très rarement usité dans les campagnes ; on y observait un étage surplombant dont le mur s'appuyait sur les saillies des poutres ; tout auprès se tenait une modeste et petite chaumière.

C'est de là, qu'à l'arrivée de Jouanno et de son compagnon, sortit un paysan vêtu de la veste ou carmagnole brune. Ce personnage portait environ 36 ans, plutôt plus que moins ; il avait la figure effilée, le corps mince et long quoiqu'il fût d'une taille moyenne, environ 5 pieds 4 pouces ; ainsi le dépeignait le fermier du Plessisker. Il se nomma. C'était le trésorier de l'armée royale, l'abbé Le Leuch.

— Vous allez à Belle-Ile ? — demanda-t-il au « grand maquignon.

— Oui, répondit celui-ci.

— Alors je vous donnerai quelqu'un pour vous accompagner.

Et le prêtre entra dans les explications et les instructions nécessaires. Jouanno ne se souciait peut-être pas beaucoup de la mission qui lui était confiée, mais la prudence et la timidité habituelle du cultivateur le forcèrent d'obéir.

Quelques jours après, à la date fixée, Hubert Renard dont il se trouvait dorénavant le guide et l'introducteur, se présenta chez lui. L'envoyé des chefs royalistes avait ses papiers en règle, en premier lieu l'indispensable passe-port qui était le propre passe-port d'un menuisier de Pluneret nommé Julien Richard, en second lieu tout ce qui pouvait établir son personnage de nouveau marchand de chevaux allant commercer à Belle-Ile et, en plus, une somme de 25 louis. Mais personne n'eût pu suppléer à ce qui lui manquait pour remplir exactement son rôle : d'un côté, il devait se faire passer pour un homme du pays, habitant de Pluneret, de l'autre il ne savait point le breton. Ce fait et cette prétention ne pouvaient se concilier ; nous verrons comment on essaya de porter remède à cet état de choses.

Les deux voyageurs partirent à pied pour Quiberon par les mauvais chemins vicinaux qui seuls desservaient cette région. Ils parvinrent ainsi à la longue plaine nue et sablonneuse, fortement ondulée avec ses dunes couvertes d'une chétive végétation, terre plate et basse dans son ensemble, qu'on appelle sans doute par antiphrase la falaise et qui constitue la partie nord de la presqu'île de Quiberon. En la parcourant, ils rencontrèrent une femme qui les salua en breton et dit quelques mots à Renard. Celui-ci resta muet.

— Entends-tu ? lui dit son guide.

— Je suis un peu sourd de cette oreille, répondit l'autre et il prit les devants.

Lorsqu'ils se trouvèrent seuls, l'envoyé royaliste expliqua à son compagnon la cause de ce silence inattendu.

— J'ai dit que je suis sourd, mais ce n'est pas vrai : j'ai fait cette assertion parce que je ne sais pas le breton. C'est pour n'être pas reconnu.

Ainsi parla-t-il, d'après la narration de Jouanno, dont le récit continue à peu près dans les termes suivants :

« Il déclara ensuite être venu à Belle-Ile pour la li« vrer aux Anglais et aux chouans combinés ; je lui dis :
« Arrangez-vous, je ne me mêle pas de cela ». Je ne sa« vais que faire ; j'aurais donné dix louis pour ne pas
« être là, mais je ne pouvais reculer, les chouans m'au« raient tué ; mon embarras était si grand que je ne
« vis d'autre chose à faire que de continuer mon
« chemin.

« Etant arrivé à Belle-Ile, je voulus aller dans la
« campagne pour acheter mon cheval, mais Renard
« vint avec moi.

« Rentré au Palais, je me déterminai à partir, emme« nant le cheval. »

Tout cela était-il absolument exact et Jouanno aussi étranger à la conspiration qu'il voulait bien le dire ? Nous ne le croyons pas. Il paraît établi que le guide de Renard remplit fort bien sa mission, le dirigea, l'introduisit dans divers hameaux et dans les maisons les plus sûres, qu'enfin il prévenait ceux qui voulaient parler breton au secrétaire de l'abbé Le Leuch en leur disant : « Il ne vous entendra pas, il est sujet à des accidents extraordinaires de surdité. » Jouanno se faisait alors l'interprète des pensées et des désirs de son compagnon.

Ce fut dans les premiers jours de janvier 1801, vers le 5, que Renard et Jacques Jouanno passèrent la mer de Port-Maria en Quiberon au Palais. Sans doute ils prirent un de ces demi chasse-marée qui faisaient plus ou moins régulièrement le voyage entre ces deux ports. Étant en règle, ils ne furent point inquiétés.

Une fois débarqués, le fermier du Plessis-Ker emmena d'abord son compagnon dans le bourg du Palais, sur la place, chez Quérel fils, tout désigné pour être agent royal à Belle-Ile et gagner, grâce à ses relations, les chasseurs des bataillons francs et une partie de la petite bourgeoisie du lieu. Cet homme passait auprès des chouans pour un de leurs fidèles ; fidélité, comme nous le verrons, trompeuse ou défaillante, à la merci de la crainte ou de l'intérêt. C'était pourtant un notable du parti, un officier de santé de Sarzeau dont le nom revient quelquefois dans les documents qui ont trait à l'insurrection ; pour cette raison les chefs croyaient pouvoir compter sur lui. Quérel accepta le rôle proposé en leur nom par Renard.

Celui-ci, toujours conduit par le *grand maquignon*, toujours présenté de prime abord comme nouveau marchand de chevaux, alla voir ensuite plusieurs personnes et enfin un certain Lhermitte, assez riche paysan de Port-Hallan, village situé non loin des portes sud du Palais.

Ce dernier mit l'envoyé de l'abbé Le Leuch en relation avec son beau-frère, Jean-Marie Diffon, qui habitait auprès de lui, sinon avec lui.

Diffon, cultivateur, âgé de 32 ans, né en cet endroit même, nous est dépeint de la façon suivante : belle taille, 1 ^{m} 74, front haut, figure ronde, et ayant, particularités plus notables, des yeux roux et une cicatrice à la joue droite. Tel apparaissait le personnage qui devait seconder Renard de toutes ses forces et être pour ainsi dire le sous-chef de la conspiration.

Il ne manquait ni d'intelligence, ni d'instruction, ni même d'habileté. Ce n'était pas un chouan ; il n'y en avait jamais eu à Belle-Ile. Il ne semble pas qu'il se

fût compromis même légèrement dans la guerre civile,
dont il n'entendit peut-être que parler de temps en
temps, surtout si, comme on peut le supposer, il mit
rarement le pied sur le continent. Certainement royaliste de cœur, mais par regret pour un passé relativement heureux et par désir de réaction contre un présent plein de vexations et de misères plutôt que par raisonnement et préférence politique, Diffon était avant
tout un homme religieux ; et, s'il entra si avant dans
le complot, ce fut avec la pensée de travailler à la res-
tauration du culte dans l'île en travaillant à y rétablir
le pouvoir monarchique.

Renard lui avait sans peine fait adopter cette idée.
Fidèle au programme des insurgés qui leur fut imposé
aussi bien par la conviction du plus grand nombre que
par la politique de quelques autres, le secrétaire de
l'abbé Le Leuch montrait l'autel et le trône comme in-
dissolublement unis. Cette assertion commençait à être
ébranlée dans l'esprit de beaucoup de paysans du continent mais ne pouvait que s'enraciner dans celui des
insulaires Belle-Ilois, gens « insouciants à leur religion
près », écrivait trois ans et demi plus tard leur maire
Ducros.

De fait, les anciens révolutionnaires qui, ne pouvant
croire qu'un ennemi de leurs lois pût agir par conscience et non par intérêt, se montraient systématique-
ment hostiles aux prêtres insoumis, voyaient d'un fort
mauvais œil les deux insermentés alors résidant à Belle-
Ile. Imbu des mêmes idées et des mêmes tendances, le
général Quantin prétendait déjà que « nul baptême et
« nul mariage ne se font par les prêtres romains qu'il
« ne soit prêté serment de porter les armes pour la
« royauté ».

Cependant l'abbé Orgebin, vicaire du Palais, resta
complètement étranger au complot et demeura même

hors de l'atteinte du soupçon, sauf peut-être de celui de sympathiser en secret avec les royalistes. Il n'en fut pas de même pour le curé ou vicaire de Bangor, l'abbé Penner, mais il est cependant certain que ce prêtre ne joua aucun rôle actif dans la conspiration ; tout au plus se montra-t-il favorable à cette entreprise par sa complaisance, ses conseils ou ses vœux. Renard ou Diffon allèrent-ils le voir ? Le mirent-ils au courant de leurs projets ? Personne ne l'a su ou du moins ne l'a dit.

Quoi qu'il en soit, suivant toute probabilité, le cœur de ces ecclésiastiques était acquis à la cause de Cadoudal, de l'abbé Le Leuch et de Renard. L'élément religieux qu'ils dirigeaient avait déjà fourni aux chouans un aide puissant, Diffon ; il leur en donna un autre dans la personne d'un tailleur d'habits nommé Nicolas Loréal.

Ce n'est pas cependant que cet homme de soixante ans fût bien ardent ou bien audacieux. Nous nous le représenterions plutôt comme un individu timide et tranquille, d'une intelligence bornée ou très ordinaire, d'une volonté faible que maniait à sa guise sa fille Julienne, car il ne voyait et n'agissait que par elle.

Mais cette dernière avait, comme beaucoup d'autres femmes du parti royaliste, un cœur viril ; l'enthousiasme et le dévouement, si naturels à ce sexe et aux cœurs encore jeunes, la déterminèrent à travailler pour une cause qu'elle jugeait sainte ; car, ainsi que Diffon, elle voyait dans la tentative de Georges un effort pour rétablir à Belle-Ile la religion dans son antique splendeur. Les révolutionnaires, croyant la flétrir ou la ridiculiser, l'appelaient « dévotte…. dévotte à outrance » ; en réalité ils ennoblissaient ce qualificatif méprisant puisqu'ils le donnaient à cette femme comme aimant sa religion au point de se dévouer et de se compromettre pour elle ; mais on sait qu'aux époques de luttes, les mots sans cesse déviés de leur sens par les passions prennent des significations inattendues. En somme, Loréal devint avec Diffon un des meilleurs soutiens de la conspiration. Leurs deux maisons furent en même temps maisons de refuge et de correspondance.

Renard s'établit d'abord chez Diffon et aussitôt l'embauchage commença. Le secrétaire de l'abbé Le Leuch avait, suivant la narration de Jouanno, parcouru sous le patronage de son compagnon quelques-uns des hameaux ou des bourgades de l'île. Ce voyage devait avoir pour but de reconnaître les divers cantonnements distribués çà et là près des côtes et de savoir à qui la garde en était confiée. Précisément, dans la région de Locmaria où les débarquements étaient le plus facile et où les ennemis avaient pris terre en 1674 et en 1761, se trouvait le premier bataillon des Francs de l'Ouest, le bataillon du Morbihan.

Il ne restait plus qu'à les enrôler, eux et leurs camarades, dans la cause royaliste. Ce fut chez Diffon que les premières entrevues eurent lieu. Ce paysan, désormais fidèle allié de Renard, alla chercher lui-même Perleau et Morel et les amena incognito dans sa maison. Perleau entra le premier et, Morel restant à l'écart, il lui dit : « Viens, tu n'es pas de trop ». Renard les accueillit évidemment comme des amis ; il les fit boire, leur donna de l'argent et les renvoya après en avoir tiré la promesse de faire des recrues.

La maison de Port-Hallan devenait bureau d'embauchage ; mais il est impossible de savoir le nombre des soldats qui y furent attirés. On ne peut qu'affirmer une chose, c'est qu'il fut peu élevé. Il eût été imprudent, en effet, de recevoir beaucoup de militaires, car la police, excessivement soupçonneuse, encore stimulée par les racontars enjolivés de ses espions, n'eût pas tardé à prendre alerte. Il valait mieux que des hommes sûrs fissent de la propagande dans leurs propres cantonnements et y répétassent les promesses et les instructions des chefs du complot.

D'autre part, il est vraisemblable que Perleau et Morel ne furent pas les seuls à entrer chez Diffon, à y venir boire, à s'y faire enrôler moyennant une prime d'engagement de 24 livres et à y prêter l'oreille aux propos séducteurs des ennemis du gouvernement. Aux uns on rappelait les souvenirs des campagnons d'armes royalistes et des exploits accomplis à leur côté ; aux autres, on faisait espérer une situation matérielle plus heureuse et plus régulière, une solde mieux payée, des vivres plus abondants et meilleurs, la disette et la misère pour toujours conjurées, et en second lieu des grades ; enfin aux âmes susceptibles de sentiments plus désintéressés et plus abstraits on promettait le rétablissement de la religion et de la monarchie avec les abus en moins et de sages libertés en plus. Pour faciliter la persuasion et exciter l'enthousiasme, les enrôleurs prodiguaient là-dessus, est-il besoin de le dire, les boissons plus ou moins agréables et enivrantes, en même temps qu'ils faisaient miroiter l'or et l'argent et en distribuaient même des à-compte.

De même qu'on ne peut savoir combien d'individus vinrent voir Renard et Diffon à Port-Hallan, il est impossible de se faire une idée quelconque de la propagande faite par Perleau et Morel dans la 77e. On peut même se demander s'ils en firent. L'obscurité la plus profonde enveloppe cette question. Toutefois il paraît assez probable que ces deux hommes, du moins Perleau, endoctrinèrent, s'ils ne l'avaient déjà fait, plusieurs de leurs compatriotes, mais d'une façon vague et peu compromettante, suffisante cependant pour les faire agir favorablement aux chouans en cas de besoin.

Que se passait-il pendant ce temps dans les bureaux

du quartier général, c'est-à-dire de la police ? car, l'île étant en état de siège, la haute surveillance appartenait aux autorités militaires.

Voici ce qu'on peut dire avec certitude : c'est que le commandant d'armes Quantin entendait déjà comme de vagues rumeurs venir jusqu'à lui. Il ne faut pas oublier que cet homme, fin et défiant par nature, policier par habitude et par état, se tenait sur ses gardes et non sans raison. On savait bien à Paris et le général ne pouvait ignorer que Cadoudal cherchait à conquérir Belle-Ile. On ne l'eût point su depuis longtemps par des rapports secrets que l'on s'en fût douté par raisonnement et méfié par prudence. Il suffisait que l'on vît combien les Anglais convoitaient cette place. Or, les chouans, leurs alliés par nécessité, ne demandaient en bonne politique qu'à seconder leur entreprise ; ils le devaient, car une position aussi belle à leur porte eût été d'un secours inappréciable à la cause royaliste. De semblables considérations ne donnaient, il est vrai que des présomptions, mais le ministre de la police, Fouché, recueillit encore par ses innombrables séides des avis et des faits très-positifs, sans compter les révélations qu'il obtenait, achetait ou arrachait de côté et d'autre.

Sur la conviction qu'il en tira, le gouvernement fit voter, le 13 décembre 1800, une loi suspendant l'empire de la constitution dans les îles éloignées du continent de plus de deux myriamètres. La coïncidence est assez frappante, c'est à ce moment-là même que Cadoudal arrêtait son plan contre Belle-Ile et lançait Renard à sa conquête.

On voit donc que Quantin et sa police étaient nécessairement en éveil et il suffisait du moindre bruit, du rapport le plus légèrement anormal pour les lancer en campagne. Disons plus ; ils suivaient depuis longtemps une piste, du reste très-vraisemblablement fausse.

En somme il est probable que le voyage de Renard ou du moins ses manœuvres et celles de Diffon ne passèrent pas complètement inaperçues. Bientôt de nouveaux visages, des figures insolites rôdant aux environs de Port-Hallan durent causer quelque alarme aux paysans soupçonneux. Il n'y avait pas longtemps cependant que l'envoyé royaliste était à Belle-Ile chez Diffon, mais on ne pouvait hésiter. Renard ne tarda pas à se réfugier chez Loréal dans la ville même du Palais.

Là il continua ses menées et un nouveau personnage apparut dans l'affaire. Ce fut un caporal du 1ᵉʳ bataillon franc ou bataillon du Morbihan ; il se nommait Le May, était de Baud et servait sous les ordres du capitaine Pinçon, époux d'une femme Caris. Le May était une recrue ou une connaissance de Loréal et celui-ci le présenta à Renard en disant : « Voici un bon chouan. »

Aux yeux de l'ancien soldat de la 82ᵉ l'affaire avançait. Diffon venait le voir et le tenait au courant. Il lui fournissait aussi un document intéressant, la relation historique de la prise de l'île par les Anglais en 1761. Le cultivateur de Port-Hallan l'avait soit copié, soit rédigé lui-même en entier, et, en tout cas, signé. Quérel fils parut aussi dans cette maison où le secrétaire de l'abbé Le Leuch se tenait caché tantôt dans la propre chambre de son hôte, tantôt, en cas d'alerte, dans le grenier. Il semble même que Jouanno, dans un second voyage ou même peut-être dans le premier, avant de revenir à Auray, alla lui rendre visite.

L'envoyé royaliste, qui par prudence ne sortait pas beaucoup était obligé de se fier aux rapports, soit de Quérel, soit de Diffon, soit de Le May. La conspiration faisait à ses yeux de grands progrès. Plus qu'un effort et elle arriverait à la situation désirée ; donc de l'argent d'abord, cette force universelle dans le monde de l'humanité, puis l'élan final sous l'œil ou l'impulsion du maître ou de son délégué.

C'était dans ce sens que le 11 janvier Renard écrivit à l'abbé Le Leuch ; mais où prendre une personne sûre, discrète et qui en plus n'excitât pas le soupçon ? Cette question se trouvait toute résolue pour l'hôte de Loréal. Julienne, la fille de ce dernier, se chargea de la dépêche moyennant six francs, somme fort minime, juste le strict nécessaire pour son voyage d'aller au plus, et elle partit sans retard, avec mission d'attendre et de rapporter la réponse.

Le 12, non seulement le trésorier des chouans mais encore leur général en chef étaient prévenus et avaient pris connaissance de la lettre, car, il n'en faut pas douter, ce fut sur le reçu de cette dépêche que Georges envoya son officier d'ordonnance Jacques Kobbe, et le 12 au soir celui-ci se présentait à Vannes, à l'ancien évêché devenu hôtel de la préfecture.

Ce Jacques Kobbe dont nous avons déjà sommairement parlé était, quelque dix ans auparavant, simple grenadier dans le régiment de Walsh ou de la Reine alors en garnison à Vannes. Or son nom et celui de sa mère (elle s'appelait Heissmann), son accent même aussi trahissaient une origine tudesque ou alsacienne. Effectivement il naquit vers 1768 à Fraumont près d'Epinal. Ce fut donc le service militaire qui amena ce jeune homme du fond de la Lorraine jusque dans la Basse-Bretagne. Peu de temps après, pendant la Révolution, cet individu de belle prestance, de mine avantageuse, quittait le service et se faisait maître de danse. Entre temps, les citoyens de Vannes le nommaient capitaine dans leur garde nationale ; puis en 1795, quelques semaines avant le débarquement des émigrés, il rejoignit les chouans sous le prétexte d'une expédition secrète, entraînant ainsi à sa suite une partie de la jeunesse dans le camp royaliste. Celle-ci fondit rapidement au feu des combats, puis des pelotons d'exécution. Ses derniers représentants furent, après le désastre de Quiberon, condamnés à mort dans leur ville natale et inhumainement massacrés à ses portes, près du Bondon.

Dès lors Jacques Kobbe resta chef des chouans. Les patriotes voulurent rejeter sur lui le sang des victimes du Bondon, disant qu'il les avait entraînées, oubliant que cette jeunesse vannetaise fut frappée par leur parti, leurs lois et leur haine. Mais cette pensée accusatrice, comme toutes celles qui heurtent juste une plaie sensible, ne faisait qu'exaspérer leur animosité contre la cause première du drame. Lui Kobbe, l'ancien officier de leur garde nationale, transfuge qui avait fait transfuges tant de leurs concitoyens, fils ou proches peut-être de leurs partisans, qui, par un raffinement inouï, grâce, il est vrai, au concours des circonstances, avait forcé les lois à frapper si odieusement ces enfants du peuple sous les yeux de leurs parents et presque sur le seuil de leurs maisons, lui Kobbe devait être le seul coupable, puisque les lois et la République ne pouvaient l'être ! On parvint à le faire croire et l'ancien soldat de Walsh devint le plus odieux des chouans ; c'est du moins ce qu'assurait le monde patriote et officiel.

Nous ne voudrions pas cependant affirmer que ce chouan ne fût pas cruel, même à l'excès, même inutilement, en dehors des nécessités parfois si dures de la guerre civile, mais nous ne connaissons à sa charge que des incriminations et pas de faits. Il semble que son principal titre à la haine fût d'abord cette désertion en masse provoquée par lui et terminée par l'atroce fusillade du Bondon, ensuite de s'être fait redouter au plus haut point par ses ennemis les patriotes. Mais, si c'étaient là ses seuls crimes, sa mémoire pourrait-elle en être souillée ?

Quoi qu'il en soit, cet ancien militaire, rompu dans le métier des armes, ne tarda pas à jouir d'un crédit considérable parmi les insurgés et auprès de Cadoudal qui en fit un cavalier de son escorte et un officier de son état-major. Kobbe montrait les principales qualités du partisan, la bravoure et le goût des aventures ; mais de puissants liens d'affection, tels que l'amour conjugal et l'amour paternel, pourront un jour le paralyser. Il aimait tendrement sa femme, une Bretonne, Yvonne Chevilier, royaliste sans doute, qui l'avait peut-être poussé dans l'insurrection et il chérissait également sa fille unique.

Quelque redouté et quelque brave qu'il fût à la guerre, quelque important qu'il fût dans les conseils royalistes, il n'avait point cette grandeur d'âme, cet attachement désintéressé et indomptable à un principe et à une idée qui feront la gloire de tant d'autres chefs.

Ce n'était point un caractère comme, par exemple, Cadoudal. Poussant l'habileté jusqu'à la ruse, la ruse jusqu'à la fourberie et au parjure, Kobbe savait feindre avec un vrai art de comédien et mentir sans scrupule. Cette âme, sans sérieuse éducation, n'avait point naturellement une grande envergure ; supporterait-elle sans faiblir un rôle de chef de proscrits et de conjurés quand des liens si étroits la rattachaient à la vie et à la société ? L'aide-de-camp de Georges était époux et père, aimant et aimé, saurait-il être captif et victime, haï, persécuté, immolé ? Tant de soldats, braves jusqu'à l'héroïsme devant l'épée des ennemis, faiblissaient jusqu'à la lâcheté devant le glaive des lois.

Voilà donc ce fameux insurgé se présentant dans la soirée du 12 janvier à Giraud-Duplessis, le premier préfet du Morbihan. Il fallait une certaine audace pour se mettre ainsi entre les mains de l'ennemi et se présenter devant son chef. Il est vrai que ce dernier passait pour un homme aussi bienveillant avec les personnes que conciliant envers les opinions adverses. Son ambition principale, le but constant de tous ses efforts était de rendre son département prospère et heureux ; il voulait à toute force le pacifier non point par les armes, l'effusion du sang et l'encombrement des prisons, mais par la persuasion et la douceur, non en contraignant les corps mais en subjuguant les âmes. Du reste Kobbe arrivait muni de papiers, cartes de sûreté signées par les généraux Brune, Ropert et Debelle. Cependant Giraud savait que le royaliste ne les possédait pas sans protestations de la part des patriotes.

Ce chef des chouans fut saisi dans le courant de l'été 1800 portant une cocarde blanche, arrêté pour ce fait, mais mis en liberté par le général Debelle. Quelques personnes murmurèrent contre cette indulgence. Mais qu'eussent-elles dit si elles avaient connu certains actes insurrectionnels de Kobbe postérieurs à la pacification. A cette époque il détermina, força même sous peine de mort, assurera-t-on plus tard, un cultivateur nommé Benhuet de creuser quelques caches pour y enterrer les armes et les munitions de guerre des insurgés. Bien plus, un peu avant de se présenter à Giraud, l'aide-de-camp de Georges alla trouver cet homme en son village de Rose en Plougoumelen et lui signifia que les objets recélés demeuraient sous sa garde et qu'il en répondait sur sa vie.

De toute façon, Kobbe n'avait pas encore promis fidélité à la Constitution, autrement dit « formalisé sa soumission à la République », suivant l'expression du préfet. Ce 12 janvier, le chef royaliste venait expressément pour accomplir cet acte, déposer ses armes et sceller par une promesse solennelle sa reddition, son engagement de ne plus combattre le régime établi et de vivre tranquille.

Giraud s'y prêta volontiers et lui accorda ainsi sans difficulté l'amnistie complète, parce que depuis la pacification il n'y avait rien de certain à lui opposer, des soupçons seulement et pas de preuves. Aussitôt le chouan prononça la formule légale « avec un ton d'énergie et de franchise qui persuada » Giraud. Rien d'étonnant d'ailleurs dans cette reddition, pensait et écrivait le premier fonctionnaire du Morbihan, si brillant est l'état de splendeur et de gloire où se trouve la République. Les royalistes se rendent en masse ; dans la dernière décade vingt jeunes gens qui vivaient jusque-là errants dans les campagnes et avaient pris part aux troubles, sont venus promettre fidélité à la Constitution. Kobbe fit donc de même et déclara se retirer dans la commune de Plougoumelen, puisque toute amnistie comportait la désignation d'un domicile fixe et légal.

Inutile de dire que tout cela était une feinte et que Giraud, dans sa droiture et son optimisme un peu aveugle, avait donné dans un piège. L'officier d'ordonnance de Cadoudal rentra dans sa campagne et se mit aussitôt en mesure de passer à Belle-Ile. Mais un étranger ne pouvait y séjourner tranquillement et sans exciter des méfiances qu'avec le titre de commerçant. Kobbe prit ses mesures en conséquence. Étant amnistié il se procura facilement un passeport à la mairie de Plougoumelen, puis il chercha, toujours à Auray, un aide plus ou moins volontaire. En cette ville plus qu'ailleurs il y avait un bon nombre de négociants qui faisaient des affaires avec Belle-Ile, et il est aisé de le comprendre puisque la petite cité, par sa situation et sa proximité géographiques comme par son ancienne juridiction, était le principal centre des relations entre l'île et le continent ; de plus le parti contre-révolutionnaire comptait à Auray de nombreux partisans.

L'envoyé de Georges avisa un certain Louis Longin, jeune homme de vingt-six ans, natif de Belle-Ile, mais domicilié à Auray où il possédait un fonds de mercerie auquel il joignait un petit commerce de poterie grossière. Bon gré, mal gré il dut se mettre en mesure de gagner son pays originaire en compagnie du redoutable chouan. Celui-ci devait passer pour son associé et, pour qu'il n'y eût aucun doute à ce sujet, Kobbe prit une patente revêtue de toutes les formes légales.

Malheureusement l'ancien grenadier de Walsh était peu lettré, n'entendait pas grand'chose à l'orthographe et même écorchait souvent le français. Du reste, son commerce étant purement fictif, il ne se mit pas beaucoup en peine des termes employés dans sa patente. Il fit si bien que, par un jeu de mots fâcheux, il se désigna comme devant faire le commerce de *peaux* et non celui de *pots*, et cette erreur, fort plaisante sans doute mais qui pouvait avoir des suites graves, transféra le prétendu associé de Longin de la poterie à la mégisserie. Il eut ensuite le tort de vouloir persévérer dans ce rôle que ses papiers lui attribuaient par méprise et se donna comme marchand de cuirs, de suif et en plus de vin ; par le fait même il rendait son association avec Longin problématique et invraisemblable. On peut supposer que, dans sa hâte de se mettre en règle et d'organiser son voyage, il ne se préoccupa point assez de l'importance que pouvaient avoir sa patente et le titre dont il s'affublait.

Cependant Kobbe voulait gagner Belle-Ile en secret et s'écarter des voies ordinaires de la circulation ; par là il évitait l'examen de son passeport et de ses papiers, les questions, les visites, car son nom sans doute eût suffi à donner l'éveil et à le faire filer. Un ancien chef de chouans, nouvellement amnistié, gagnant Belle-Ile ! Cela ne pouvait que paraître inquiétant à la police. En somme, il ne comptait se servir de sa patente et de son passeport que dans le cas où on l'interrogerait et où il se sentirait surveillé.

Il embarqua donc sur quelque bateau du pays et partit, suivant toutes vraisemblances, de sa commune de Plougoumelen et de la rivière d'Auray. Il gagna ainsi directement par mer Belle-Ile, accompagné de Longin. Mais il ne se fit pas déposer sur un quai de port au Palais ou à Sauzon, il aborda secrètement et sans doute de nuit une des innombrables petites plages de l'île, mi-encloses par des falaises, se fit guider par son compagnon et avec lui arriva, après avoir échappé au contrôle des douaniers et des agents de police, à la ville du Palais, vers le moment de l'ouverture des portes. C'était à l'aube du 17 janvier 1801.

Kobbe commettait une imprudence en abordant ainsi incognito dans l'île, car il suffisait qu'il fût reconnu ou dénoncé pour être arrêté, et le fait même de sa présence tenue secrète aurait autorisé contre lui tous les soupçons. Mais le chouan était rusé et habile ; il régularisa immédiatement son séjour en faisant viser son passeport par le maire provisoire du Palais, nommé Spital.

A peine tranquillisé par cet acte, il se mit d'abord en relation avec Quérel et le fit prier de venir le trouver chez la citoyenne Grangée, son hôtesse. Il fit ensuite diverses courses dans la ville.

Il passait ainsi pressé et hâtant le pas dans les rues du Palais quand il croisa un sergent des chasseurs francs du 1er bataillon, un de ses anciens soldats, un Vannetais, autrefois entraîné par lui dans la chouannerie, nommé Pierre-Marie Pain. Il est bien douteux que cette rencontre fût entièrement fortuite. En effet Pain, comme nous venons de le dire, était un ancien chouan ; il avait suivi Kobbe quand celui-ci passa à la tête d'une partie de la jeunesse vannetaise dans l'armée royaliste ; il y resta trois mois entiers, fut fait prisonnier lors de la capitulation de Quiberon, puis renvoyé au tribunal criminel de Vannes par une commission militaire qui l'arracha ainsi, dit le général Quantin, « à une mort certaine et fort méritée ». Là il fut enfin acquitté après avoir passé en tout six mois dans les prisons. Par conséquent l'hypothèse que Pain se trouvait au chef-lieu de l'île pour voir les embaucheurs, Renard ou Diffon, est fort vraisemblable, mais on ne saurait soutenir avec la même probabilité qu'il comptait s'y rencontrer avec Kobbe. Le temps pour celui-ci de le faire prévenir d'abord et pour le sergent de parcourir la route ensuite était insuffisant. Au contraire, assurera plus tard ce sous-officier, il manifesta la plus extrême surprise en voyant l'aide-de-camp de Cadoudal. Il ne pouvait comprendre que le terrible insurgé fût assez hardi pour parcourir ainsi ouvertement la petite ville ; il le crut donc soumis aux lois républicaines ; ce qui du reste était vrai, au cœur près.

Les deux hommes se saluèrent, échangèrent les compliments et les interjections d'usage en pareil cas ; mais Kobbe, se déclarant très pressé, l'invita à dîner et lui donna rendez-vous chez la cabaretière. — Le lieutenant-colonel royaliste continua ensuite ses démarches mystérieuses et qui sont restées inconnues. Vit-il Renard chez Loréal ou autre part ? Vit-il Diffon ou Lhermite à Port-Hallan ? Les questions à poser seraient nombreuses mais toutes demeureraient sans réponse sauf une toutefois. Il semble qu'il trouva le moyen d'engager un entretien avec deux militaires et de les retenir à dîner.

Peu de temps après qu'il fût rentré à son auberge, Pain se présenta le premier, fidèle au rendez-vous. Kobbe lui prodigua les témoignages d'amitié et lui demanda des renseignements sur l'endroit où se trouvait son bataillon, le 1ᵉʳ du Morbihan, et celui où cantonnait le 2ᵉ. La conversation ne tarda sans doute pas à rouler sur les projets des chouans. Puis Kobbe :

« J'attends ici un jeune homme qui est un brave
« garçon qui est de mon parti et dans lequel j'ai beau-
« coup de confiance. »

Aussitôt le personnage en question faisait son entrée dans la salle.

« Voilà, dit en même temps l'officier de Georges, le jeune homme dont je viens de parler et que j'attendais. »

Le nouveau venu n'était autre que Quérel déjà constitué agent royal pour l'île dans l'esprit de Kobbe. Alors ce dernier se tournant vers lui et présentant le sous-officier :

« Voilà ce jeune franc, Pain ; vous lui remettrez de
« l'argent quand il vous en demandera ; j'espère que
« dans peu je vous reverrai au continent et je vous ferai
« parler au Bonhomme qui vous remettra des fonds ;
« vous lui ferez part de vos progrès. »

Le sergent demanda aussitôt naturellement où demeurait Quérel. Celui-ci se récria.

« Ne venez point chez moi ; on trouverait étrange que je reçoive un militaire ; nous trouverons bien quelque autre expédient pour nous voir et nous entretenir. »

Sur ces mots, Quérel prit congé et Kobbe le reconduisit au-delà du seuil. Par la fenêtre, Pain vit Kobbe s'approcher de Quérel et lui parler à voix très basse, puis il entendit l'aide-de-camp de Georges reprocher à son interlocuteur d'être venu souvent au continent et de n'être pas allé le voir une seule fois ; il lui recommanda finalement de ne plus agir de même à l'avenir. Quérel promit qu'il irait sans tarder trouver Kobbe après son retour, puis il s'éloigna.

On se mit alors à table avec les deux militaires et
avec Longin. Le lieutenant-colonel royaliste paraissait
agité, nerveux, en un mot inquiet. Il dit à plusieurs
reprises qu'il s'ennuyait beaucoup dans l'île et qu'il
avait hâte de repartir.

D'après ces dispositions on devine qu'il passa son
après-dîner à chercher une barque de passage et à en
hâter les préparatifs. Enfin l'ombre et le soir arrivent ;
bientôt Kobbe pourra s'embarquer ; le moment de
l'appareillage est proche ; le chouan va dans peu d'instants quitter ce rivage dangereux et s'éloigner de cette
île où il s'ennuie tant et surtout où il s'alarme tant ;
mais peu de minutes avant son départ des soldats
s'approchent de lui, le saisissent, l'enchaînent peut-être, et en tout cas, sans lui laisser le temps de se
reconnaître, le conduisent à la citadelle ; là, après un
rapide interrogatoire, on le fouille, on lui enlève ses
papiers et tous les objets qu'il porte et on le jette
dans le plus profond des cachots. Il y avait à peine
vingt-quatre heures qu'il était dans l'île.

Que s'est-il donc passé ? D'où vient le pressentiment
sinistre qui a tourmenté l'officier d'ordonnance de
Georges pendant toute cette journée et qui s'est réalisé
sans pitié. Ici encore on ne peut faire que des hypothèses, mais la plus naturelle c'est que, dès son arrivée
dans l'île, Kobbe était suivi et pour ainsi dire arrêté
d'avance. La méfiance brutale de la police militaire,
surtout lorsqu'elle dépendait d'un général comme
Quantin, ne connaissait point d'obstacles ; les mendiants
et les indigents si favorisés par son chef la tenaient au
courant de tout, il suffisait d'être suspect pour être jeté
en prison et il fallait ensuite plus que des preuves
d'innocence pour en sortir. Dans ces conditions, le seul
nom de Kobbe, joint à l'idée qu'une conspiration se
tramait, constituait la prévention la plus dangereuse

et méritait déjà l'incarcération. Mais ce n'est pas tout ; ce même Quérel qui était averti ou qui sentait instinctivement la police rôder autour des conspirateurs, saisi de crainte, dénonça pour se sauver son coreligionnaire politique, son ancien chef et compagnon d'armes. D'un autre côté, il est probable que des avis officieux, comme les royalistes en recevaient souvent dans de semblables circonstances, prévinrent Kobbe du danger qui le menaçait ; de là son inquiétude. Et même il est possible, l'âme humaine se montre si multiple dans ces époques troublées, que Quérel lui-même ait fait entrevoir à l'aide-de-camp de Georges une surveillance occulte se mouvant autour de lui, prête à le saisir. Les délateurs ou les traîtres de cette époque agissaient souvent ainsi, croyant de cette façon être rémunérés des deux côtés, ou bien espérant concilier par là leurs intérêts avec leur conscience, leur avarice ou leur ambition avec leurs devoirs de fidélité et leurs engagements antérieurs.

L'arrestation de Kobbe, pour rapide et secrète qu'elle avait été, n'en fut pas moins bientôt connue. Dès le lendemain on en parlait et une terreur profonde se répandait parmi les conjurés. Or un malheur appelle un malheur et, dans une conspiration comme dans un combat, une défaillance en provoque aussitôt une autre. C'est ce qui arriva pour les royalistes de Belle-Ile. Le 17, à la nuit, l'officier d'ordonnance de Georges tombe entre les mains d'une police inexorable, le 18, la nouvelle en transpire et un affilié à la conspiration, le caporal Le May, pour se dégager de cette mauvaise affaire, va déclarer tout ce qu'il sait. Il se présente à son supérieur, le capitaine Pinçon, et lui dénonce le complot ainsi que l'agent principal de cette machination, Renard le déserteur. Quantin est aussitôt prévenu. Pour l'habile général c'est le triomphe, un triomphe aussi grand qu'une campagne heureuse contre les ennemis. Il les sent sous sa main et déjà presque à sa merci.

Le 19 janvier, sur l'ordre de ses chefs, le caporal Le May se présentait chez Loréal et demandait à voir le secrétaire de l'abbé Le Leuch. On lui répondit qu'il était absent et qu'il parcourait la campagne. Le militaire ne se découragea point, car il s'agissait de son salut ; il fallait à toute force qu'il se saisît de sa proie. Il se présenta donc de nouveau quelque temps après son premier échec. Renard, d'après les dires de Loréal, n'était pas revenu. Le May ne fut point encore rebuté : il revint une troisième fois. Loréal, vaincu par tant d'instances, croyant que le caporal avait de très importantes communications à faire à son hôte, céda.

« Montez à la chambre, dit-il, il y est. »

Comme il arrive souvent, l'entrevue avec la victime précédait la trahison. Le May s'empressa d'aller rendre compte de sa mission. Aussitôt le général Quantin fit prévenir le juge de paix et le maire provisoire Spital ; il les requit d'aller fouiller la maison de Loréal et d'y arrêter tous les étrangers qui s'y trouveraient.

Cette descente de justice eut un plein succès. On chercha partout ; on visita les chambres, on sonda les murs et les recoins pour découvrir les cachettes, on bouleversa tout le grenier. Là, sous le foin accumulé, on finit par découvrir un jeune homme de 23 ans environ, portant un pantalon, un gilet court et un bonnet tricoté de bleu. Il fut fouillé ; la police saisit sur lui ou dans ses effets une somme de 336 francs, puis des reliques, des cantiques, des images, l'historique de la prise de Belle-Ile en 1761, et enfin une main de papier contenant le plan d'attaque. Ainsi la conspiration touchait à sa fin ; Renard était prisonnier.

Trois jours auparavant, le 16 janvier, veille de l'arrestation de Kobbe, tandis que celui-ci cinglait sur Belle-Ile, Georges Cadoudal écrivait au comte de La Chaussée, ministre des princes à Londres. Il lui parlait de l'ensemble de ses projets :

« Je ne réponds pas absolument du succès, disait-il ;
« mais j'ai de grandes espérances de réussir, les évé-
« nements permettent de donner de l'enthousiasme ».

Puis il ajoutait en parlant de Belle-Ile :

« Vous scavez l'expédition dont parle la lettre du
« général Maitlan que j'ai laissée à Son Altesse Royale ;
« j'ai pris les mesures les plus justes pour la faire réussir ;
« la garnison est presque toute composée d'hommes à
« moi. Soutenu de voltigeurs (1) et sans peut-être être
« soutenu de forces étrangères, je pourrais tenter cette
« opération. Si elle réussissait, elle nous mettrait à
« même d'attendre les événements, en nous recrutant
« considérablement : il faudrait seulement être sou-
« tenu par les voltigeurs et soldé par le gouvernement. »

Hélas ! que la lutte est dure et pénible pour les défenseurs d'un parti agonisant ! Que la joie leur est étroitement mesurée ! Que de douleurs morales les inondent ! Le lendemain du jour où Georges écrivait cette lettre, son aide-de-camp était arrêté à Belle-Ile ; trois jours après ces phrases d'espoir et presque d'enthousiasme, la conspiration recevait un coup mortel par l'arrestation de Renard. Quatre jours après, le second de Georges porteur de cette lettre, le « Patrocle de cet Achille breton » (2) son ami intime, celui dont la vie avait coulé parallèlement à la sienne, dont les actes et les paroles inspiraient ou reflétaient ceux de Georges, la cheville ouvrière de l'organisation royaliste, Mercier la Vendée succombait. De ce coup Cadoudal

(1) Georges appelait ainsi sans doute les croiseurs légers de l'escadre britannique.
(2) D'après Rio, auteur de *La Petite Chouannerie*.

était personnellement atteint ; ses affections les plus profondes se brisaient et son parti s'effondrait avec elles.

II

Le Procès et le Jugement.

Le lendemain même de l'arrestation de Renard, le 20 janvier (30 nivôse), dans tous les cantonnements de l'île, on lisait devant les soldats assemblés aux parades l'ordre du jour suivant :

« Depuis longtemps et notamment depuis le 26 du
« courant (16 janvier) le général commandant était
« informé que des embaucheurs ou royalistes s'étaient
« introduits dans l'île, que ces hommes avaient le projet
« de provoquer la troupe à ne point faire feu quand
« l'ennemi paraîtrait, afin de livrer plus facilement
« la colonie aux Anglais.

« Le général connaît ceux qui ont traité secrètement
« avec ces émissaires ; d'avance leur grâce est accordée
« s'ils consentent à faire leur déclaration à leur chef de
« corps ; deux de ces embaucheurs sont capturés.

« Le général commandant parle aux Autrichiens,
« aux jeunes et braves Belges de la 77e, aux chasseurs
« francs des deux bataillons et aux canonniers répartis
« tant sur les côtes que dans les bourgs du Palais, de
« Sauzon, de Bangor et de Locmaria.

« Le présent sera lu deux fois par jour dans chaque
« chambrée et aux parades pendant quinze jours. »

« Quantin. »

Cette proclamation militaire montre comment la lumière se fit peu à peu dans l'esprit du général. Il savait depuis longtemps, dit-il, que des embaucheurs résidaient dans l'île et en effet la correspondance de Perleau avec Renard, connue et scrutée par la police, datait de plusieurs mois ; or, sans contenir rien de nettement coupable, elle pouvait passer pour suspecte auprès de gens disposés à voir partout des conspirateurs. Par ailleurs, les limiers de Belle-Ile suivaient depuis longtemps une piste. C'est ce qu'assurait le maire provisoire du Palais à Garnier, sous-préfet de l'arrondissement de Lorient, d'après une lettre de Quantin du 24 janvier. Spital disait :

Une conspiration vient d'être découverte et elle aurait réussi si depuis 85 jours « un agent royaliste banni
« pour toujours du sol français et un faux apôtre d'une
« religion qu'il déshonorait n'avaient été suivis pas à
« pas. »

Cette allégation est partiellement confirmée par le Bulletin Historique de la garnison du Palais pour la deuxième quinzaine de Nivôse (16 au 21 janvier).

« C'en était fait de l'île, y est-il dit, si le projet n'eût
« été connu dès son principe et suivi dans le silence
« depuis plus de trois mois. »

Les agents de Quantin ont donc suivi depuis 85 ou 90 jours une piste qu'ils ont cru être celle d'un émigré et d'un prêtre réfractaire ; ils se sont trompés ou sur l'identité des personnes ou sur leurs agissements. Mais, à la date du 24 janvier, Quantin qui tient une extrémité du fil conducteur espère bien arriver jusqu'à l'autre bout et trouver, chemin faisant, ces deux individus dont ses policiers ont relevé les traces. Il ne peut faire mieux, après avoir éventé un complot dangereux, que d'en saisir les principaux auteurs et surtout que de convaincre un émigré et un prêtre d'en être les chefs. Il n'y arrivera pas ; ses limiers ont été mis en défaut. Malheureusement si la piste suivie était fausse, la présence de l'ennemi était bien réelle. Les républicains de l'île faisaient donc plus que de l'attendre, ils le recherchaient déjà quand Renard et Kobbe vinrent se heurter à eux et ceux-ci rencontrèrent un adversaire non seulement prêt au choc mais encore déjà placé en embuscade.

On peut déduire des considérations précédentes que dans la pensée de Quantin l'ex-soldat de la 82ᵉ et l'ex-grenadier de Walsh étaient de simples comparses ou plus exactement des sous-chefs du complot, si l'on préfère. Quoi qu'il en soit, cet officier général avait su habilement tirer quelques aveux de Renard, aveux du reste forcés par les pièces compromettantes trouvées sur lui. Loréal avait été saisi et écroué en même temps que son hôte ; bientôt ce fut au tour de Lhermite et de Diffon. Puis les choses s'éclaircirent encore ; les préventions, qui d'abord s'appesantissaient sur le premier de ces villageois de Port-Hallan, retombèrent bientôt lourdement sur le second.

Kobbe de son côté niait ; il soutenait avec aplomb qu'il était venu dans l'île comme marchand de cuirs et de suif et que Longin était son associé. Il est assez probable que celui-ci avait été arrêté en même temps que le chef chouan ; en tout cas il ne tarda pas à l'être. Notre homme, pour se dégager de cette mauvaise aventure, plaida l'ignorance et se défendit d'avoir aucune relation de commerce avec son compagnon. Le 19 janvier, terrorisé sans doute par l'arrestation de Renard, il fit une déposition « forte et précieuse » pour Quantin contre l'aide-de-camp de Georges, au sujet de leur commun voyage. Kobbe ignorait le coup qui venait de lui être porté.

De toutes ces arrestations, de tous ces instincts de conservation en conflit, le général, qui savait exploiter avec art les terreurs et les imprudences, tirait déjà une première esquisse de la vérité. Pour l'avoir complète, il fallait mettre la main sur d'autres gens, en premier lieu sur Julienne Loréal qui portait la réponse de l'abbé Le Leuch et qui n'était pas revenue à Belle-Ile ; dans ce but Quantin avertit le commandant militaire de Quiberon, celui d'Auray, le chef de la gendarmerie du même lieu ; il paya de ses propres deniers le voyage à un officier de confiance pour porter ces dépêches. Il mettait aussi au courant le préfet Giraud dès le 20 janvier : de cette façon un réseau de mailles policières allait enserrer de tous côtés cette femme. Le général réclamait encore l'arrestation de Jouanno, dénoncé, volontairement ou non, par Diffon, celle du menuisier de Pluneret, Julien Richard, qui avait donné son passeport à Renard, celle de Joseph, sacristain de Pluneret, qui servait la correspondance des rebelles, particulièrement de Communeaux « prêtre et chef des insurgés et insurgens. »

Ce qu'il demandait ainsi au préfet le 20 janvier, le commandant de Belle-Ile va le lui redemander encore le lendemain 21. Dans l'intervalle il avait appris que Communeaux était le même que l'abbé Le Leuch, trésorier des royalistes et que Baudet faisait partie du complot et du conseil qui détermina le voyage de Renard. Il sera facile de les arrêter tous, ajoutait-il, c'est-à-dire le sacristain, Julien Richard, Baudet, le prêtre Le Leuch dans leur commune de Pluneret « qu'ils habitent avec sécurité. »

C'était pour un homme aussi policier, connaître bien peu les « insurgés et les insurgens » comme il les appelait dans ses gaietés d'inquisiteur. Des gendarmes ou des soldats ne réussissaient que bien rarement à mettre la main sur les chouans, à moins d'être guidés par quelque traître ; les royalistes insoumis n'habitaient jamais un pays avec sécurité. L'adversité et les poursuites les avaient tous rendus d'une prudence méticuleuse et ils se considéraient, non sans raison, comme des combattants toujours en contact direct avec l'ennemi, toujours obligés de se garder avec de grandes précautions.

Aucune de ces personnes signalées à la police du continent ne figura dans le procès : c'est dire qu'aucune ne fut saisie. Exceptons cependant le pauvre fermier du Plessisker qui était allé se jeter de lui-même dans les chaînes des républicains. Suivant toute probabilité, il se trouvait à Belle-Ile quand le dénoûment éclata ; Quantin, comme nous l'avons vu, le faisait rechercher au Plessisker ; la gendarmerie qui apprit alors, si elle n'en connaissait déjà la nouvelle, son nouveau voyage à Belle-Ile, en informa le général. Celui-ci fit immédiatement dresser l'inévitable souricière du départ dans laquelle Kobbe avait déjà été pris et, au moment de se rembarquer, Jouanno y tomba. Cette arrestation eut lieu peu après le 21 janvier. Elle ne fut pas la seule. Quérel, qui avait livré Kobbe, trahit aussi le sergent Pain que l'ordre du jour du 20 janvier n'avait pas déterminé à se déclarer et à faire des révélations. Saisi dans son cantonnement de Locmaria, il alla rejoindre les autres dans les cachots de la citadelle.

Tout allait bien pour Quantin et froidement, avec une joie calme de fauve, il réfléchissait aux moyens d'obtenir judiciairement le plus de victimes et le plus de sang possible. « car il convient que Belle-Ile soit témoin d'un exemple répressif et compressif », écrivait-il à Giraud le 24 janvier. Cependant son ambitieuse cruauté rencontrait un grand obstacle : c'était Kobbe, le plus haï, le plus soupçonné de tous, mais sur lequel on n'avait trouvé aucun papier compromettant, au contraire. Quérel se montrait son principal accusateur et ensuite, mais d'une façon que l'on pourrait appeler négative, le commerçant Longin ; il est vrai que bientôt Pain allait se joindre à eux.

Kobbe se défendait avec beaucoup d'adresse et profitait habilement des avantages de sa position. Rien d'écrit contre lui et comme charges uniques des témoignages provenant de coaccusés et de gens qui reconnaissaient avoir été ses complices, témoignages par conséquent récusables. Renard et lui faisaient semblant de ne se point connaître et de ne s'être pas vus depuis la dernière pacification. Leurs actes et leurs discours tendaient à prouver qu'ils n'avaient eu aucun rapport dans le complot.

Quantin, piqué au jeu, rassemblait toutes ses dépositions, tous ses artifices, tous les raffinements possibles de la torture morale pour débusquer Kobbe de son fort. Il ne laissait même pas d'utiliser un peu, autant que le permettait la loi, la torture physique, par la gêne des cachots immondes de vermine, malsains et obscurs, encore aggravée par le poids des chaînes. Car, sans rien exagérer, telle était la situation dans laquelle le pauvre lieutenant-colonel royaliste croupissait au fond de la citadelle ; mais le chouan luttait opiniâtrément, comme un désespéré, pour échapper au peloton d'exécution dont il sentait l'approche et devant les fusils duquel tant de mains voulaient le pousser ; un instant de faiblesse, un aveu et il le rencontrait au sortir de son affreux cachot.

Il savait bien qu'on voulait sa tête et il ne se trompait pas. Le 21 janvier, un patriote de l'Ile écrivait, à la nouvelle de l'arrestation de Renard et de Kobbe : « J'espère que Quantin nous débarrassera de ces deux « scélérats, dût-il les laisser échapper de la bonne ma- « nière. » Allusion à une méthode fréquemment employée par les autorités militaires dans les guerres de l'ouest quand elles ne croyaient pas pouvoir obtenir la condamnation juridique d'individus dont elles cherchaient à se débarrasser ; cette méthode consistait à fusiller les captifs en les transférant d'une prison à une autre et à se couvrir ensuite du prétexte qu'ils avaient cherché à fuir.

Pour résumer la situation du procès au 24 janvier (4 pluviôse) laissons la parole à Quantin écrivant à son supérieur Bernadotte et répétant presque mot pour mot, plaisanterie pour plaisanterie, la lettre qu'il adressait le même jour au préfet du Morbihan, Giraud. Il ajoutait cependant dans la première quelques réflexions sur la façon dont on devait juger le complot. La voici en entier.

« Au quartier général de Belle-Ile-en-Mer en état de siège, le 4 pluviôse an IX de la République.

« Quantin, général de division, commandant.

« Au Conseiller d'État, général en chef, Bernadotte, à Paris.

« Général,

« L'instruction est terminée, quant aux individus saisis sur les lieux, et demain la confrontation de tous aura son effet.

« Tout prouve que Kobbe était venu pour inspecter et Kobbe toujours niant est néanmoins chargé fortement.

« Nul baptême et nul mariage ne se fait par les prêtres romains qu'il ne soit prêté serment de porter les armes pour la royauté et pour le rétablissement du seul culte romain.

« Les suites de cette affaire, telles quelles, ne peuvent être transportées au continent, il convient que Belle-Ile soit témoin d'un exemple répressif, compressif.

« J'attends impatiemment, général, puisque vous êtes à Paris, que vous obteniez promptement du gouvernement les pouvoirs dont j'ai besoin pour finir.

« Les individus me manquent pour composer les deux conseils de guerre et celui de révision.

« Le cas présent comporte une commission militaire *ad hoc*.

« Dans une place en état de blocus perpétuel puisque sans cesse l'ennemi est en présence ou signalé fort près, les exemples, je le répète, doivent être justes, mais éclatants et célères.

« Je suis avec respect.

« QUANTIN ».

On voit, d'après ce qui précède, que le général Quantin voulait une commission particulière, créée expressément pour juger le complot et cependant Belle-Ile subissait déjà, de par sa nouvelle situation administrative, une juridiction exceptionnelle. Elle venait d'être mise hors la constitution. On ne se hâta pas trop d'y promulguer la loi du 22 frimaire (13 décembre 1800), mais, avant de publier que cette législation s'appliquait à l'île, les autorités militaires rappelèrent qu'elle était en état de siège. Bernadotte, alors à Paris, écrivit dans ce sens à son second, le lieutenant général Tilly, qui le remplaçait dans l'Ouest; il lui disait qu'au mois de juin 1800, lors des menaces des Anglais contre Belle-Ile et le continent, il avait mis cette place sous le régime militaire et qu'elle y était restée depuis. Le 18 janvier, au lendemain de l'arrestation de Kobbe, le lieutenant général Tilly transmettait ces instructions à Quantin qui ne demandait pas mieux que de s'y conformer et qui, sans nul doute, s'y était déjà conformé à l'avance. Puis vinrent dès le 20 janvier les nouvelles de la loi du 22 frimaire et de son application à Belle-Ile.

Remarquons ici la coïncidence étrange de ces mesures avec les diverses péripéties du complot. Cadoudal prend ses dispositions pour s'emparer de Belle-Ile, sur son ordre Renard va bientôt partir ; en même temps le pouvoir législatif vote la loi du 22 frimaire. Les embaucheurs abordent à Belle-Ile ; Bernadotte rappelle de Paris que l'île est toujours en état de siège et que Quantin doit en profiter pour prendre la police en main. Cette lettre du conseiller d'État général en chef est écrite le 3 janvier. Kobbe est arrêté le 17 ; le lendemain Tilly transmet les instructions de Bernadotte. Renard tombe entre les mains de la police le 19 ; ce jour même Hédouville, qui se trouve alors à Pontivy, avertit le divisionnaire de Belle-Ile que la loi du 22 frimaire s'applique et doit être sur-le-champ appliquée à cette île. Concordances remarquables ! On dirait qu'une main mystérieuse fait mouvoir les événements à l'unisson, projets et contre-parties, attaques et ripostes. Il y a là ou une remarquable coïncidence ou la preuve évidente que les actions des royalistes sont aussitôt combattues que produites, leurs desseins aussitôt anéantis que conçus.

Donc, vers le 20, Quantin apprenait officiellement que la place confiée à sa garde était mise hors la constitution ; on l'invitait à agir en conséquence et à en prévenir les autorités civiles. Celles-ci protestèrent avec énergie ; le 26 janvier le maire Spital demandait si vraiment Belle-Ile était éloignée du continent de plus de deux myriamètres et comment on pourrait faire constater cette distance ; le 29, le maire de Sauzon éclatait en longues et amères récriminations auprès de son supérieur immédiat, Garnier, le sous-préfet « de la Rondissement communal de L'Orient » *sic*. Il allait jusqu'à refuser de publier un ordre de la place que Quantin lui adressait le jour même.

En effet, ce 29 janvier, avec la plus grande solennité possible, appareil militaire, troupe sous les armes, cette nouvelle pièce et la loi du 22 frimaire étaient lues, publiées et affichées dans tous les autres bourgs que Sauzon. Par cet ordre du jour, le général annulait de sa propre autorité tous les passeports antérieurs au 29 ; quiconque en désirait un devait s'en faire délivrer, par le maire de la commune où il résidait, un nouveau sur papier timbré. Quantin prescrivait encore que pour aller au continent il fallait en plus un laisser-passer avec date précise et enfin que « les passagers ne « pouvaient sortir que par le seul port du Palais », pour gagner le continent. Le maire de Sauzon répondit qu'il avait publié la loi le 27, suivant les formes usitées, mais que, pour l'ordre de la place, il voulait consulter auparavant le préfet et le sous-préfet.

Il est clair que le pauvre officier municipal ne tira pas grand profit de sa résistance courageuse et ne rencontra pas grand secours auprès de ceux qu'il appelait à l'aide. Comment en eût-il été autrement ? L'île se trouvait hors la constitution ; tout le monde tombait d'accord sur ce point. Giraud en convenait dans une lettre du 24. De plus elle restait toujours en état de siège, personne alors ne l'ignorait. Par conséquent les officiers commandant la place avaient double droit d'agir comme ils l'avaient fait. C'est ce que le maire de Sauzon fut bien forcé de reconnaître. Le jour même ou le lendemain de son acte d'opposition, il recevait une lettre du sous-préfet Garnier, datée du 28, qui croisait la sienne ; elle coupait court à tout espoir et montrait clairement qu'il fallait s'incliner.

Les Belle-Ilois retombaient donc dans un régime particulièrement exceptionnel ; mais tout n'était pas encore fini. Le 4 février (15 pluviôse), un premier arrêté consulaire, pour trancher toute discussion et enlever jusqu'à la moindre possibilité de litige, mettait Belle-Ile nommément hors la constitution ; un second édictait la mesure suivante : Tous les amnistiés qui à cette date se trouveraient à Belle-Ile, Lorient, Brest ou Rochefort devaient être arrêtés ou détenus jusqu'à nouvel ordre et leurs papiers mis sous scellés.

Rien n'était plus illégal et attentatoire aux droits de l'homme, mais à cette époque tout passait pour juste et constitutionnel quand on savait couvrir à propos un acte arbitraire d'une raison de sûreté ou de police. Le général Quantin, comme d'ailleurs la plupart des autres officiers, agissait de cette façon : aussi le commandant de Belle-Ile s'empressa-t-il de mettre à exécution les arrêtés du 15 pluviôse. Ils arrivaient d'ailleurs à propos pour le débarrasser heureusement des suspects qui le gênaient. Ces suspects étaient les deux prêtres de Belle-Ile, François Orgebin et Penner, ce dernier, pour une raison que nous ignorons, plus particulièrement soupçonné.

Dès le début du procès, Quantin eût bien voulu les arrêter ; mais le mot d'ordre dans le Morbihan était de respecter les ecclésiastiques, pour que les chouans ne pussent plus se dire les défenseurs de la religion. Le 20 janvier, lorsque le général écrivit au préfet Giraud, il lui demandait : « Que faire des deux curés qui n'ont pas rempli les formalités exigées depuis le 18 brumaire ? » Évidemment la réponse de Giraud fut : « Ménagez-les, s'il n'y a aucune inculpation précise contre eux. »

Cela ne pouvait satisfaire beaucoup l'homme soupçonneux et peu sympathique aux prêtres insermentés qu'était Quantin. Il n'eut pas longtemps à attendre pour entrevoir une autre solution plus conforme à ses idées. Les arrêtés du 15 pluviôse parurent. Aussitôt le général commandant la place de Belle-Ile engloba les deux vicaires dans la catégorie des amnistiés. On peut se demander s'il n'outre-passa point en cette occasion la pensée du gouvernement et s'il n'adapta pas l'acte consulaire à ses desseins de façon à les couvrir de son texte.

François Orgebin et Penner n'étaient pas des amnistiés. Sans doute ils n'avaient pas promis fidélité à la Constitution et par conséquent leur liberté et leur séjour dans l'île pouvaient passer pour une simple tolérance, mais l'arrêté consulaire ne les atteignait point.

Quoi qu'il en soit, ils furent arrêtés vers le 25 ou le 26 février et leurs papiers mis sous scellés; et, lorsque la police dressera le tableau des conspirateurs de Belle-Ile, seul de ces deux prêtres, le curé de Bangor y figurera à côté de Communeaux et de Muscadin. C'est tout; par ailleurs les noms de l'un ou l'autre de ces prêtres ne se voient dans aucune pièce du procès. Leur sort reste inconnu, mais il paraît fort probable qu'ils furent après leur arrestation envoyés à l'Ile de Ré.

Ils n'étaient pas encore reparus à Belle-Ile deux ans après. Pendant tout ce temps, ce canton fut complètement privé de tout secours religieux. L'ancien recteur du Palais, l'abbé Jean-Baptiste Mugny, alors exilé en Portugal, vint enfin mettre un terme à cet état de choses si contraire aux vœux des populations; mais déjà le Concordat était conclu, signé, solennellement publié. C'était au mois d'avril 1802.

A côté de ces lois, de ces arrêtés et de ces mesures de police, quelques dispositions militaires furent encore prises. Bernadotte à qui le général Quantin avait, dès la découverte du complot, envoyé un de ses aides de camp, fit dans les premiers jours de février, partir pour l'île le bataillon et les trois compagnies de la 77ᵐᵉ qui se trouvaient encore sur le continent. Sur son ordre, les grenadiers réunis s'avancèrent aussi de Tours jusque dans l'Ille-et-Vilaine pour être à portée de combattre plus rapidement les chouans ou les Anglais. Un peu plus tard d'autres renforts entraient encore dans l'île : ce furent des détachements de la 20ᵉ demi-brigade légère dont il y eut bientôt un bataillon entier à la disposition immédiate du général Quantin pour la défense de la place.

Voilà donc le danger en partie conjuré ; il ne restait qu'à accomplir l'œuvre de justice et de vengeance. La confrontation générale de toutes les personnes inculpées dans le complot se fit le 25 janvier mais les résultats n'en présentèrent rien de remarquable et ne réussirent qu'à confirmer un peu les soupçons et les hypothèses déjà conçus. L'instruction d'ailleurs n'amènera dorénavant aucune découverte substantiellement nouvelle.

Kobbe nie toujours avec autant d'énergie et même d'habileté et, en même temps, pour bien prouver qu'il s'est séparé complètement des chouans, il fait des révélations. Alors s'engagea un duel triste et répugnant comme on en voyait autrefois dans la question judiciaire entre le juge et l'accusé, le bourreau et la victime. D'un côté l'accusé et la victime c'était Kobbe qui voulait sauver sa vie et qui pour cela lâchait morceau par morceau tous les secrets des siens ; de l'autre, à la fois juge et bourreau, le général Quantin cherchait à extorquer de son prisonnier le plus de délations et de renseignements possible en attendant avec avidité le moment où l'aide de camp de Georges se trahirait lui-même.

Celui-ci commença par dénoncer les lieux de retraite et de réunion royalistes qui se trouvaient compris dans la région où dernièrement encore il avait coutume de se réfugier.

Il indiqua d'abord le château de Kerdréan en Plougoumelen sur les bords de la rivière d'Auray. Kobbe le connaissait d'autant mieux et le souvenir de ce manoir se présentait d'autant plus naturellement à son esprit que, suivant toute probabilité, ce fut là où s'assemblèrent Georges et son conseil pour arrêter le plan d'attaque contre Belle-Ile. La mère de Marc Le Guénédal habitait dans les communs ou les maisons de ferme environnantes en qualité de fermière et son fils venait souvent s'y réfugier ; il avait pratiqué des caches dans la vieille habitation seigneuriale abandonnée et peut-être dans les champs d'alentour, de plus il est constant que des officiers royalistes de marque et Georges lui-même parurent souvent en ce lieu.

Sur les indications de Kobbe, une fouille y fut dirigée le 30 janvier et l'on découvrit une cache dans un mur d'écurie ; elle contenait des objets de harnachement et d'habillement, du linge et des ustensiles de ménage, une trousse de chirurgie, des livres et des cartes.

Le lieutenant-colonel royaliste s'était également empressé de signaler les dépôts d'armes clandestins établis au village de Rose en Plougoumelen ; on se rappelle qu'un paysan nommé Benhuet avait, sur son ordre, recélé en cet endroit les munitions de guerre des insurgés. Kobbe se garda naturellement de dévoiler les circonstances et les premiers inspirateurs de cet acte insurrectionnel.

Le matin même du jour où l'on devait perquisitionner à Kerdréan, le même détachement qui allait s'y rendre quelques heures plus tard fouilla d'abord les maisons et les champs suspects de Rose. Il y trouva trois caches : l'une pratiquée dans un grenier, l'autre sur les bords du Bono dans un talus du rivage, l'autre enfin sous un amas de fumier ou de terreau. On découvrit dans la première, avec des harnachements divers et des guêtres, des sabres, des obus chargés, des pelles, des mèches et des barils à mèches, des vis de culasse pour hausser des pièces, des gargousses, des pelles etc ; les autres étaient vides.

Le succès de ces fouilles fut très favorable à Kobbe, quoique l'on n'y eût pris personne, ce qui causait un vrai désappointement, car, disait le préfet, le principal but de ces recherches était le chouan Gambert. Est-ce bien Gambert que Giraud a voulu dire ici, Gambert, chef du canton d'Elven, qui habitait presque toujours dans la région de son commandement ? ou bien son nom est-il venu sous la plume de Giraud à la place de celui de Mare Le Guénédal qui effectivement était de tous les royalistes celui qu'on avait le plus de chances de trouver en fouillant Kerdréan ? Les autorités républicaines et particulièrement le préfet, nouveau venu dans le département, ne se montraient pas si versés dans la connaissance des chefs insoumis que cette erreur soit improbable ; elle se présente au contraire à notre avis avec un haut degré de vraisemblance.

En tout cas, l'exactitude des indications de Kobbe démontra qu'on y eût pu capturer un chouan important ; elle fit même espérer au ministre de la police Fouché que l'aide de camp de Georges finirait par lui faire arrêter l'introuvable et terrible général en chef de l'insurrection.

On résolut de différer le jugement pour faire parler Kobbe davantage. A peine le rapport des perquisitions pratiquées le 30 janvier arriva-t-il à Paris que le 5 février (16 pluviôse) Fouché écrivit au général Quantin la note suivante :

« Je vous charge, citoyen Général, de prendre au
« reçu de ma lettre, toutes les mesures nécessaires pour
« la formation d'une commission militaire pour juger
« les embaucheurs arrêtés par vos soins à Belle-Isle.

« Vous me rendrez compte de vos dispositions à cet
« égard.

« *Le Ministre de la police générale,*

« Vous excepterez Kobbe de la mesure que je vous
« prescris. On peut avoir de lui des révélations impor-
« tantes. »

Il semble que dès le début le général Quantin ait eu
l'idée de juger à part l'aide de camp de Georges ; sinon
comment expliquer cette phrase écrit le 24 janvier :
« Les individus me manquent pour composer les
« deux conseils de guerre » ? De fait cette manière de
procéder s'imposait quelque peu, car la connexion de
l'affaire Kobbe avec l'affaire Renard n'était ni patente
ni même bien solidement établie. On résolut ensuite,
et cela faisait partie des méthodes policières alors cou-
ramment usitées, de mettre à part le lieutenant-colonel royaliste, de différer son jugement en lui laissant
espérer qu'il n'en subirait point ou du moins y serait
traité avec une extrême indulgence, comme contraste
de lui donner en spectacle le châtiment de ses complices présumés, les lui montrer jugés, punis, fusillés ;
en un mot, en employant les effets simultanés de l'espoir et de la terreur, de leurs promesses et de leurs
menaces muettes, fouiller cette âme par le fer de la torture morale et en arracher tous les secrets. Tel était
le but proposé.

Entre temps Perleau et Morel avaient été arrêtés ;
ainsi sept accusés attendaient en même temps que Kobbe
leur jugement dans les bas cachots de la citadelle, mais
quoique pressé d'en faire un exemple « répressif et
compressif » le général Quantin ne savait comment
leur trouver des juges.

Beaucoup de difficultés se présentaient à sa pensée
car il eût désiré un tribunal terrible, disons le mot un
tribunal de sang qui se fût montré impitoyable. Aussi
en premier lieu ses prédilections et ses désirs se por-
tèrent-ils sur une commission militaire créée par le
gouvernement ou par le commandement en chef de

l'armée de l'Ouest dans le but unique de punir le complot; c'est ce qu'il demandait dans sa lettre du 24 janvier. Évidemment les officiers qu'on choisirait ainsi pour juger n'auraient qu'à puiser dans l'arsenal législatif parmi les armes amoncelées contre les traîtres et les ennemis intérieurs de la République. Étrangers au pays, triés par le pouvoir, ils mépriseraient assez l'opinion publique et l'épithète d'hommes de sang pour être sévères et suffisamment impitoyables. Ajoutons encore que de cette façon Quantin assurerait la vindicte révolutionnaire en esquivant toute responsabilité et en la renvoyant au pouvoir central ou au commandement en chef de l'armée de l'Ouest. Mais le gouvernement ne l'entendait pas ainsi et prétendait, au contraire, que Quantin agît seul et par ses propres moyens. L'arrêté récent du 21 nivôse an IX (11 janvier 1801), affirmait-on au ministère de la police, lui laissait toute latitude pour faire juger les conspirateurs. Voici comment étaient libellés les deux premiers articles de cet acte consulaire :

Article 1er. — « Les rebelles et brigands, pris les
« armes à la main par les colonnes mobiles dans l'éten-
« due de l'armée de l'Ouest, seront traduits par devant
« les commissions militaires formées à cette effet par le
« général commandant la division dans l'étendue de
« laquelle ils auront été arrêtés.

Art. 2. — « Les généraux commandant les divisions
« de l'armée sont chargés, chacun en ce qui les con-
« cerne, de l'exécution du présent arrêté. »

Malgré les belles et formelles assurances de Fouché et de ses collaborateurs on pouvait concevoir des doutes sur la façon dont ce texte s'adoptait aux circonstances. Aucun des conjurés n'avait été pris par une colonne mobile, aucun saisi les armes à la main. Kobbe et Renard seuls et peut-être aussi Jouanno eussent pu passer avec quelque vraisemblance pour « rebelles et brigands ». A vrai dire des dispositions qui ne sont pas énoncées dans les articles ci-dessus rendaient encore justiciables de cette sorte de tribunaux les émigrés arrêtés sur le sol de la République mais aucun des accusés ne rentrait dans cette catégorie d'individus hors la loi. Il semblait donc évident que les commissions prévues et érigées par l'arrêté du 21 nivôse se déclareraient incompétentes ou, si elles n'osaient aller jusque-là, se montreraient faibles et molles dans la répression.

Ces inconvénients, ces dangers même, car être miséricordieux dans cette affaire était un danger aux yeux de Quantin, ne pouvaient être évités que si le gouvernement nommait une commission militaire *ad hoc* ou que pour le moins il déférât les accusés au conseil de guerre de défense et de détresse de la place. A cette juridiction ressortissaient les cas de trahison devant l'ennemi et, comme les Anglais rôdaient constamment autour de l'île, que la place restait en état de siège, le général trouvait suffisamment logique de confier à ce tribunal l'affaire Kobbe et Renard ou plutôt l'affaire Renard puisque Kobbe demeurait pour le moment hors de cause.

C'est autour de cette question des juges que roulait alors la correspondance du ministre et du général Quantin. Pendant ce temps Kobbe cherchait toujours à sauver sa vie. Pour se défendre il niait avec énergie et pour se prouver bien converti il révélait et dénonçait, et plus il sentait le danger imminent, plus le malheureux à demi malade, rongé à l'extérieur par la souffrance, la misère et la vermine, à l'intérieur par la crainte d'un sort affreux et celle de ne plus jamais revoir sa femme et sa fille, lâchait quelques nouveaux renseignements ou quelques nouveaux détails. Cependant il est juste de dire que Kobbe mesurait ses révélations, qu'il se défendait pied à pied et on le soupçonnait fort de ne pas dire tout ce qu'il savait.

Pour peser davantage sur cette âme déjà broyée par l'angoisse, Quantin fit venir de Vannes Yvonne Chevilier, la femme de Kobbe, à laquelle celui-ci semble avoir toujours montré une grande affection. Il sut bien faire comprendre à son prisonnier que plus les secrets de Georges et des chouans seraient divulgués par l'aide de camp du chef rebelle, plus les deux époux pourraient espérer se revoir et vivre ensemble. Le simple fait de leur réunion était d'ailleurs à lui seul la plus éloquente des promesses et la plus cruelle des menaces. Transformer ainsi les plus douces et les plus saintes affections en instruments de question et de torture ne répugnait aucunement à la police ou à Quantin. Celui-ci toujours d'accord avec celle-là n'était pas même sincère en promettant à Kobbe la vie pour ses révélations. La suite le prouvera. Il extorquait par tous les moyens possibles, habiles ou déloyaux, peu lui importait, les renseignements sur le parti insurgé mais il comptait bien faire litière de toutes ses promesses et de tous ses engagements tacites et, après avoir arraché à Kobbe ses secrets en même temps que son honneur de royaliste et de soldat, il comptait lui faire arracher son dernier bien, la vie.

Renard, plus sûrement encore voué à la peine capitale, avait également révélé diverses choses dont la police ignorait le détail. Il donna le récit assez circonstancié de « l'assassinat » de Becdelièvre et de « Robert » (1), venus dans le Morbihan pour livrer Georges mort ou vif à la police et disparus le 23 décembre précédent. On sut ainsi qu'une bande partie de Grand-Champ à la

(1) Ainsi l'appelait la police. Son vrai nom était Louis-Antoine Laisné.

tête de laquelle se trouvaient Jacques Duchemin, commandant de canton, et Fardel, lieutenant de canton, les avait emmenés sans résistance et fusillés. Kobbe dénonça de son côté La Carrière dit Méricourt de Port-Louis, ancien député fructidorisé qui se cachait sous le faux nom de « sieur Hippolyte », et un certain nombre d'autres. Il fut interrogé aussi sur Rivoire, le conspirateur principal, le Renard ou le Kobbe de Brest qui venait d'être arrêté à Calais au moment où il allait fuir et gagner l'Angleterre ; mais l'aide de camp de Georges déclara n'avoir « jamais ouï parler de Rivoire soit « comme tel, soit comme Morel, soit comme Sornin. « Renard dit aussi ne pas connaître cet homme ». (1)

Kobbe ne s'en tint pas là. Accablé par la torture morale et même physique, désirant un léger soulagement à sa gêne, un cachot plus sain, plus propre et moins obscur, le lieutenant-colonel royaliste, l'officier d'état major de Cadoudal adressa encore au général Quantin un mémoire sur la destruction de la chouannerie. Inutile de donner ici ses réflexions et la meilleure méthode suivant lui pour anéantir son ancien parti, ancien parti auquel il serait sans doute immédiatement retourné si la liberté complète lui avait été rendue. Il y parle à plusieurs reprises de Georges et de « Mersieur du la Vende » ainsi qu'il appelle Mercier la Vendée. Il ne le savait pas encore tué dans une surprise. Les moyens que Kobbe proposait dans ce factum étaient bien tels qu'en suggèrent les transfuges, des moyens draconiens, mais tels aussi qu'en contiennent les faux avis, des moyens impraticales à force d'être rigoureux.

Le 19 mars (28 ventôse), un geôlier quelconque remit au citoyen Pradel, commandant d'armes de la forteresse, cette pièce qui était au fond une requête pour obtenir

(1) Lettre du général Quantin au ministre de la police du 4 floréal.

quelque léger adoucissement « Voillas, dit Kobbe, « deux moi que je soufre les plus crielles tourman, « je suis dévoré nuit et gour par un frémelliaire de « vermine qui m'enpège de dormire inestans. » Le pauvre diable ajoutait en post-scriptum qu'il ne pouvait faire plus pour prouver la sincérité de son repentir et son attachement à la République ; en retour il demandait l'exécution des promesses que le général Quantin lui avait faites. Celui-ci n'en tint naturellement aucun compte ; dans cette espèce de jeu sanglant ou de duel c'était à qui se tromperait davantage l'un l'autre.

Quantin ne manquait pas d'encouragements ni d'éloges pour la façon dont il agissait ; il en reçut pour les aveux de Renard, il en reçut pour les aveux de Kobbe ; on fit même rectifier en haut lieu les termes d'une lettre qui lui était adressée parce qu'ils ne se montraient pas assez louangeurs ; une main, peut-être celle du 1er Consul lui-même, écrivit en marge des remerciements du Ministre de la police :

« Cette lettre est trop sèche ; le zèle du général « Quantin mérite des éloges. — L'engager à poursuivre « la suite des renseignements avec l'adresse et le soin « qu'il y a mis jusqu'à présent. »

Mais on ne parlait plus procédure. Et cependant le temps s'écoulait : il fallait se décider à choisir enfin le tribunal qui jugerait, l'arrêté ou la loi qui le légitimerait. Quantin avait de nouveau, le 1er avril, posé cette question : Sera-ce une commission militaire créée *ad hoc* ou le conseil de guerre de défense et de détresse de la place qui jugera les conspirateurs ? On ne lui répondait pas ; il est probable que les jurisconsultes de la police se trouvaient embarrassés et que l'institution des tribunaux spéciaux le 8 février (19 pluviôse), l'établissement d'une de ces cours dans le Morbihan le 23 du même mois (4 ventôse) les firent hésiter sur leurs anciennes thèses. En effet tous ceux qui étaient brigands (nom officiel des royalistes militants ou insurgés) ou suspects de brigandage devenaient justiciables de cette nouvelle magistrature.

Quantin redoutait cependant qu'on envoyât ses prisonniers à ce tribunal « d'où en leur qualité d'hommes « du département les arracheront des considérations « inextirpables », dit-il. Il craignait encore ici que ses victimes ne lui échappassent, que cette cour ne les renvoyât à leurs juges naturels, à la juridiction civile et à sa relative indulgence.

En attendant une solution, il avait nommé rapporteur un capitaine de la 77e, nommé Pierre Layous; mais celui-ci, ayant à peine pris contact avec l'affaire qu'il devait instruire, fut effrayé par les difficultés de procédure dont il la voyait hérissée : (1)

« Ce rapporteur très versé », écrivit le général au Ministre de la police, à la date du 24 avril (4 floréal), « républicain instruit, judicieux et impartial me pré-
« texte qu'une commission est inhabile à prononcer,
« que la création de tribunaux spéciaux détruit l'effet
« de l'arrêté des consuls en date du 21 nivôse, que les
« juges argueront nécessairement de cette loi nouvelle,
« qu'ils se récuseront, qu'en outre il conviendrait que
« le législateur eût indiqué le mode de juger plusieurs
« prévenus dont la culpabilité n'est connue que dans
« les déclarations réciproques de chacun d'eux. Or vous
« voyez, citoien Ministre, que les embarras vont chaque
« jour en croissant.

« Les épithètes d'hommes de sang, de juges iniques,
« d'assassins que l'on a gratuitement prodiguées aux

(1) Les phrases entre guillemets sont textuelles, les autres l'analyse exacte du texte correspondant c'est-à-dire le texte même à quelques tournures de phrases près.

« conseils de guerre et aux commissions militaires
« timorent les troupes ! et ce n'est qu'en tremblant
« qu'elles appliquent aujourd'hui les lois les plus
« claires. Il n'appartient qu'au gouvernement dont vous
« êtes l'organe » de lever les difficultés continuelles
relatives aux tribunaux spéciaux. Qu'il me dise : Belle-
Ile est hors la Constitution, l'ennemi toujours en présence ou signalé, les tribunaux spéciaux « y feront leur
« effet jusqu'à la paix maritime. » Les prévenus complices « seront punis. (Ici le gouvernement s'expli-
quera.)... »

« Le tribunal connaissant de ces crimes sera compo-
sé de cinq militaires nommés par le commandant supérieur de l'île, le rapporteur sera un capitaine pris hors
du sein du dit tribunal. — « Les interrogatoires des
« prévenus subis dès leur arrestation tiendront lieu de
« conviction pour la culpabilité ou pour l'innocence
« reconnues ». Pardonnez-moi ces redites et ces impor-
tunités, ajoutait le général, « mais elles me sont dictées
« par ma conscience et par l'intime persuasion où je
« suis que les détenus actuels, Renard di La Roche
« excepté, échapperont à la juste punition qu'ils mé-
« ritent sans les formes que je demande aujourd'hui.
« — Kobbe n'a plus de mystères à me dévoil.... »

Enfin, en post-scriptum Quantin redemanda encore
s'il fallait excepter Kobbe du jugement. Il pensait sans
doute que, le chouan n'ayant plus rien à révéler, était
inutile de le ménager davantage.

Au demeurant, cette lettre provoqua l'indignation
des bureaux de la police ; on n'y concevait pas que es
juges fussent arrêtés par la crainte de passer pour in-
justes et iniques.

« Coment, fut-il répondu, des Républicain
« peuvent-ils être intimidés par les clameurs des roya-
« listes ! Que leur importe les qualifications qui leur

« sont données par ces ennemis incorrigibles de la
« patrie ? Les braves militaires qui composent le con-
« seil de guerre doivent mépriser ces vains propos ; forts
« de leur conscience et de leur amour pour la liberté
« ils ne s'arrêteront pas à des déclamations vagues
« dictées par la fureur ; il faut que les brigands soient
« exterminés ; c'est le vœu de tous les Français et vous
« pouvez être assuré de l'assentiment du gouverne-
« ment pour toutes les mesures qui tendront à ce but.
« Ainsi que les prévenus de trahison soient jugés con-
« formément à l'arrêté du 21 nivôse ; si contre toute
« attente ils étaient acquittés, je vous charge de les
« faire rigoureusement retenir jusqu'à nouvel ordre.
« Quant à Kobbe, je m'en réfère au post-scriptum de
« ma lettre du 16 pluviôse dernier (5 février), vous sui-
« vrez ce que je vous prescris à son sujet. Salut et
« fraternité. »

On avait ajouté au brouillon de cette lettre les anno-
tations suivantes :

« Avant d'envoyer la lettre à la rédaction, demander
« au citoyen Desmarets si le Ministre a quelque inten-
« tion particulière sur Kobbe eu égard aux révélations
« qu'il peut avoir faites, ou faut-il laisser aller les
« choses pour lui comme pour les autres ».

A quoi il fut répondu :

« L'ordre avait d'abord été expédié pour les juger
« tous. En signant, le Ministre, sur l'observation qui
« lui fut faite, excepta de cette disposition Kobbe ;
« attendu les révélations qu'il avait faites, peut-être
« serait-il d'un mauvais exemple de le faire juger à
« présent ; cela n'encouragerait pas les autres à donner
« des renseignements ; au surplus je pense qu'il faut
« soumettre la question au Ministre. »

Fouché, comme on pouvait facilement le prévoir par
la réponse de Desmarets, ne s'était pas déjugé et avait

définitivement empêché de livrer Kobbe à la commission.

Les idées de Quantin ne prévalurent donc point ; elles contenaient du reste des propositions assez étranges en désaccord avec les lois. Ce général demandait la création d'un tribunal spécial à Belle-Ile ; rien de mieux car le gouvernement s'était réservé le droit d'en établir partout où il serait besoin, mais Quantin demandait que ce tribunal se composât de cinq militaires et la loi le voulait mixte avec trois officiers (capitaines au moins) et deux juges civils. Admirons encore cette prétention que les interrogatoires des prévenus tinssent lieu de conviction (pièces de conviction sans doute) pour la culpabilité ou l'innocence, comme si les principes généraux du droit devaient s'accommoder aux circonstances ou que la certitude morale pût avoir tel ou tel fondement suivant les prescriptions d'un arrêté gouvernemental.

Quoi qu'il en soit, Quantin dut nommer une commission dans les formes déterminées par l'arrêté du 21 nivôse an IX. Il n'avait point eu gain de cause. L'instruction se trouvait déjà presque entièrement faite ; aussi les choses ne traînèrent-elles plus en longueur. Moins d'un mois après la dernière lettre de Quantin que nous avons citée plus haut, huit jours après la réponse définitive qui lui fut faite, tous les accusés sauf Kobbe comparurent devant leurs juges. Interrogatoires, plaidoyers et délibérations ne durèrent pas plus de treize heures ; en une séance la cause fut entendue et la sentence prononcée.

C'était le 23 mai (3 prairial). Ce matin-là vers 5 heures les complices sortirent de leurs cachots de la citadelle et descendirent dans la ville de Palais qu'ils n'avaient sans doute pas revue depuis près de quatre mois. On les amena dans un local de la rue des Ormeaux où la Commission militaire se réunit. Voici maintenant l'analyse du jugement que ce tribunal prononça :

Par devant la Commission composée de Louis-Joseph Depôtre, chef de brigade d'artillerie, président, André Gouy, chef de bataillon à la 77me demi-brigade de ligne, Nicolas Grandchamp, capitaine au même corps, Jean-Baptiste Vannen, capitaine, Jean-Baptiste Merlin, lieutenant, tous deux de la 30e demi-brigade légère, René-Louis Imbert, sous-lieutenant, Charles Laurent Caraquin, sergent, et Pierre Layous, capitaine faisant fonctions de rapporteur, ces trois derniers de la 77e demi-brigade avec Antoine Goguety, sergent major à la 77me comme secrétaire, formée par le général Quantin en vertu de l'arrêté consulaire du 21 nivôse an IX et des lettres du Ministre de la police des 16 pluviôse, 7 ventôse, 12 germinal, 24 floréal de la présente année, le tout fondé sur la mise de Belle-Ile hors la Constitution ; par devant la dite Commission siégeant rue des Ormeaux au Palais ont comparu :

1° Hubert Joseph Renard,
2° Jean-Marie Diffon,
3° Jacques-Joseph Perleau,
4° Louis Morel,
5° Piere-Marie Pain, vingt-deux ans,
6° Jacques Jouanno, trente-sept ans, jardinier, né et domicilié de Crach (Morbihan),
7° Nicolas Loréal,
8° Louis Longin.

Tous accusés d'avoir été fauteurs, auteurs ou complices d'une conspiration ayant pour but de livrer Belle-Ile aux Anglais mais qui fut déjouée grâce aux soins aussi prompts qu'efficaces du général Quantin.

La séance s'est ouverte à 6 heures du matin.

Il résulte de l'instruction,

1° Que vers le commencement de nivôse, Georges Cadoudal de Brech et Le Leuch, prêtre de Pluneret, rebelles insoumis, envoyèrent des émissaires à Belle-Ile pour livrer l'île aux Anglais.

2° Que ces émissaires ont travaillé activement dans cette place pour corrompre la garnison par argent, promesses flatteuses, fourberies, et qu'ils y ont employé toutes sortes de séductions.

Après délibération à huis-clos la commission,

Considérant que Renard est convaincu : 1° d'avoir déserté de la 82ᵉ demi-brigade pour passer aux chouans, 2° d'être venu à Belle-Ile pour en faciliter la prise par les Anglais, 3° d'avoir voulu séduire plusieurs militaires, 4° d'être embaucheur, espion et instigateur de rassemblements armés contre la République ;

Que Jean-Marie Diffon est convaincu : 1° d'avoir tout fait pour seconder Renard, 2° de lui avoir conduit plusieurs militaires, de s'être servi pour cela de liqueurs enivrantes et de prétextes spécieux, 3° enfin d'avoir connu les desseins et les machinations de cet individu sans les avoir dévoilés ;

Que Perleau et Morel ont eu connaissance de la mission de Renard, ont reçu de l'argent de lui et ont eu quelques relations avec lui mais n'ont pas eu le dessein de le seconder, qu'ils se disposaient même à le dénoncer quand ils ont été arrêtés ;

Que Pain est fortement impliqué dans l'affaire mais que d'autres preuves atténuent son cas sans le détruire ;

Que Jouanno a été entraîné et séduit par Georges, Le Leuch et Renard mais qu'il n'a pas participé à leurs desseins criminels ;

Que Loréal a donné azyle à Renard contrairement à la loi du 24 brumaire an VI et l'a recélé sciemment ;

Que contre Longin il n'y a que quelques soupçons sans preuves ;

Condamne Renard et Diffon à la peine de mort, Perleau à huit mois de détention, Morel et Pain à six mois de la même peine, Jouanno à quatre mois de détention et à une amende égale à la moitié de son revenu, renvoie Loréal devant les tribunaux ordinaires et acquitte Longin. Les 336 francs trouvés sur Renard lors de son arrestation seront versés au trésor public.

La séance est levée à 7 heures du soir.

Le lendemain 24 mai 1801 (4 prairial) eut lieu le premier et triste épilogue de cette conspiration avortée. On entendit vers trois heures de l'après-midi des salves de coups de feu : c'étaient Renard et Diffon que l'on fusillait et qui succombaient ainsi sans consolation, sans secours religieux dans quelque fossé de la citadelle ou sur quelque grève abandonnée. Le paysan de Port-Hallan mourait pour une noble cause car il avait été attiré dans cette affaire par l'espoir d'assurer le rétablissement de la religion ; quant à Renard, quels motifs l'avaient fait agir et lui avaient ainsi valu de mourir à l'âge de vingt-trois ans ? c'est ce que personne ne pourrait dire avec certitude. Suivant le but de ses actes et la dernière pensée de sa vie, cette mort obscure fut celle d'un criminel, d'un héros ou d'un martyr.

Quoiqu'il y eût déjà deux victimes, le sang répandu ne pouvait suffire au général Quantin ; cet homme en était comme assoiffé. Il vient de voir fusiller Renard et Diffon : justice est faite ; pour un moment au moins la voici assouvie de victimes. Quantin ne l'est pas ; ce triomphe de son habileté et de son énergie ne saurait le contenter ; il brûle d'en obtenir un autre, celui qui consisterait dans l'exécution de Kobbe. Il n'y a qu'une passion comme la haine pour être aussi ardente et à ne pouvoir accepter la moindre détente d'oubli et de miséricorde ; cependant le ministre Fouché avait formellement et à plusieurs reprises ordonné de différer le jugement du lieutenant-colonel royaliste. On avait donc le temps d'y songer et dans ces circonstances réclamer sa condamnation auprès des cadavres encore chauds de ses coaccusés décelait plutôt l'impatience d'un homme de sang que la sévère promptitude d'un justicier. Mais Quantin était avant tout ce qu'on appelait alors un patriote, un homme de la Révolution ; il ne savait dans sa haute position ni en répudier les haines ni même les réfréner un instant.

Le lendemain de l'exécution de Renard et de Diffon, c'est-à-dire le 25 mai (5 prairial) le général Quantin écrivit au Ministre de la police générale pour lui envoyer copie du jugement de l'avant-veille et lui annoncer que justice était faite. Il accompagnait le verdict des juges militaires d'un développement très intéressant au point de vue de l'histoire du complot mais encore plus sévère pour les accusés que n'avaient été les considérants du tribunal. Morel seul y trouvait peut-être plus d'indulgence qu'il n'en avait obtenue auprès de la Commission.

Ces commentaires n'étaient pas sans but car la sentence définitive devait se prononcer à Paris au Ministère de la police ; c'est là qu'on révisait, mais uniquement pour les augmenter, les peines de détention ou d'emprisonnement prononcées par des tribunaux quelconques. Le général concluait ainsi :

« J'attends votre décision sur tous ainsi que sur
« Kobbe. Il n'y a qu'une voix de mort contre lui
« jusque de par les prêtres insermentés de ce pays
« (deux) et de par les mystiques laïques des deux sexes
« tant de cette colonie que du continent. »

Et pris d'un mouvement d'humeur expansive, Quantin mettait le Ministre dans ses confidences :

« Il importe que je vous dise ici, citoien Ministre

« comment je m'associe sans qu'ils le sachent tous ces
« religieux à outrance.

« 1° A tort je passe pour méchant mais à droit je suis
« reconnu pour très-vif et la franchise est mon partage
« envers et contre qui que ce soit ; aussi dis-je franche-
« ment à chacun que je le surveille, que la bezace
« pleine est au plus fin.

« 2° Par goût j'oblige les mendians, les indigens » etc.

Ici se place le passage que nous avons cité au début de cette histoire pour dépeindre Quantin. Il finissait en disant qu'il tâcherait d'obtenir de Pain les vrais mobiles du voyage de Kobbe.

Et en effet il y réussit autant que possible. Pour cela il n'eût qu'à faire alléger la captivité du sergent de chasseurs francs ou qu'à lui donner un petit bienfait quelconque. Dès le lendemain 26 mai, l'ancien soldat de Kobbe adressa une déposition écrite au capitaine Muller aide-de-camp du général. Il commençait par remercier Quantin du service rendu sans s'expliquer davantage et il relatait ensuite son entrevue avec Kobbe et avec Quérel ; c'est ce récit que nous avons donné presque mot pour mot.

La veille Quantin avait fait recueillir de nouveau, probablement pour l'usage du Ministre de la police et pour appuyer ses appréciations personnelles, la déposition de Jouanno dit Jaco. Le fermier du Plessisker ne montra pas grande fermeté quand il comparut devant le capitaine Layous. Il se jeta à ses genoux en joignant les mains : il protesta avec des pleurs ne pas demander mieux que de dire tout exactement et que de faire arrêter les auteurs de son infortune, mais il avait peur des chouans et au nom de ses cinq enfants en bas âge il priait de ne pas divulguer ses déclarations. On le rassura et il fit le récit de son entrevue avec l'abbé Le Leuch et de son voyage avec Renard à Quiberon tel que nous l'avons rapporté au début de cette histoire.

Enfin, gémissant, il termina par ces mots :

« Je ne sais le nom du messager envoyé par Le Leuch
« ni de la maison où je fus conduit, mais si on m'accordait
« d'aller faire ma prison à Auray et de sortir une nuit
« avec la gendarmerie je trouverais, je crois, l'un et
« l'autre, du moins la maison.

Il observa de la manière la plus suppliante « que, si
« les chouans savaient sa déposition, il serait sûr de
« mourir et même pour se mettre complètement à l'abri
« il irait louer une maison en ville pour ne pas rester à
« la campagne. Il attesta n'avoir jamais eu l'intention
« de mal faire, que s'il n'a pas dénoncé Renard, c'est
« qu'il croyait être seul à savoir ses projets et par suite
« qu'il avait à redouter, s'il les disait, d'être tué par les
« Brigands.

« Il dit que Georges qu'il n'a jamais vu est extrême-
« ment puissant, qu'il ne porte presque jamais de
« mouchoir au col. Il redemanda encore le secret. »

C'était, on peut le voir, comme une seconde instruction du procès. Et, en effet, il n'était pas clos puisque la police n'avait pas prononcé et que Kobbe n'avait comparu devant aucun tribunal.

Ce chef ne fut pas atterré par le jugement du 23 mai. Chose à première vue étrange ! Les coups de fusil du peloton d'exécution n'éveillèrent dans son cœur aucun écho de crainte ou de tristesse. Pourquoi en était-il ainsi ? Était-ce insouciance du lendemain, détente après l'angoisse quand le danger du jour s'est évanoui ? Était-ce espoir optimiste dans un relâchement plus ou moins prochain ou dans un oubli systématique qui lui éviterait de comparaître à un tribunal ? Tous ces sentiments, il les éprouvait peut-être, mais ce qui le rendait joyeux à l'excès, c'est qu'il croyait Pain exécuté avec Renard ; il se figurait qu'on avait aveuglément brisé un des instruments probables de sa future condamnation et tué un témoin redoutable pour sa cause. Enivré d'espérance et d'allégresse, Kobbe ne montra pas plus de dignité dans le bonheur qu'il n'en avait montré dans l'infortune. Le général Quantin en fut d'abord tout décontenancé, tout hors de lui. Il espérait trouver la terreur dominant cette âme et prête à en arracher de nouvelles révélations ; au contraire devant lui parut un homme prêt à triompher et indigné d'être encore en prison.

Le jugement du 3 prairial, dit-il, « loin de m'attirer « de Kobbe quelques développements, quelques nou- « velles découvertes, l'avait au contraire émerveillé et « converti en une forme de rodomont, pressant, exi- « geant sa liberté, même récompense ». Quantin ne fut pas longtemps à pénétrer les raisons qui exaltaient ainsi l'ancien maître de danse ; le général lui montra donc Pain encore en vie, partageant toujours sa captivité dans la citadelle. « Son ton altier, sa suffisance, « je pourrais même dire son arrogance, viennent de s'é- « vanouir à la minute », écrivait Quantin au Ministre de la police en parlant de son ennemi Kobbe — « Qué- « rel fils et Pain, ci-jointe la copie de la déclaration bé- « névole de ce dernier, continuait-il, débusqueront « donc quand on le voudra Kobbe du retranchement « derrière lequel il se couvrait audacieusement (*testis* « *unus, testis nullus*) ». Le général disait ensuite qu'il n'y avait plus rien à tirer de Kobbe, que par conséquent on pourrait assembler sans tarder une commission pour le juger à son tour. Puis : « La pièce de Pain « vous met, ce me semble, à même de pouvoir, en toute « sécurité de conscience, ajouter à l'exemple du 4 de ce « mois (4 prairial, 24 mai), celui de Kobbe qui sera uni- « versellement très frappant, et de l'utilité la plus ma-

« jeure à la République, fera énerver pour plus d'un
« demi-siècle tout projet de renouveler la rébellion
« dans la ci-devant Bretagne.

« Ci-jointe encore copie d'une déclaration de Jouanno », pièce dans laquelle il n'y a, selon moi, « d'appro-
« chant du vrai que le signalement de Le Leuch dit
« Communeaux ».

Tel n'avait pas été l'avis du capitaine Layous qui l'annotait ainsi :

« Le capitaine rapporteur soussigné observe que cette
« déclaration paraît très véridique, parce qu'elle se rap-
« porte mot à mot au dire de Renard. Signé : P. LAYOUS ».

Du reste celui-ci eut gain de cause dans l'opinion de la police comme il l'avait eu dans l'esprit des juges.

Il n'y a pas de doute que le général Quantin crût enfin tenir Kobbe et le voir bientôt condamné à mort ; aussi tout heureux de cette espérance, son appétit de haine presque satisfait, il proposa quelques mesures d'humanité pour les autres captifs !

« Veuillez approuver, disait-il à peu de chose près, les mesures suivantes dictées par l'humanité, que Jouanno et Loréal respirent l'air et recouvrent la santé dans ce bourg contre deux cautions pour chacun, que Pain, Perlau et Morel ne fassent que coucher en prison et jouent dans la cour de la citadelle, sous la surveillance des sous-officiers et de la garde de police. Peut-être cela me procurera-t-il encore d'eux des avis importants. —
« La fille de Loréal, dévote à outrance et colporteuse
« de la correspondance de Renard à Le Leuch et vice
« versâ » pourra revenir ici où elle n'a pas reparu depuis que Renard a été arrêté chez son père et que son père lui-même a été arrêté ».

Il paraît que le Ministère de la police ne reçut pas ces diverses lettres ou que l'on n'y éprouvât pas grande hâte à verser le sang de Kobbe ; toujours est-il que les semaines passaient et que Quantin restait sans réponse. Tout le mois de juin s'écoula sans qu'aucun ordre, aucune approbation de Fouché ne parvînt jusqu'au général commandant la place de Belle-Ile. Rien encore pendant les dix premiers jours de juillet. Alors impatienté Quantin rompit le silence et écrivit de nouveau ; c'était le 21 messidor (10 juillet). Il confirma ses précédentes dépêches et demanda des ordres sur Kobbe, répétant son expression de « cri de mort s'élevant « contre lui de tout le Morbihan ».

Malgré cela, il fallut laisser passer encore plus de six semaines avant que Fouché se ressouvînt de Quantin et de sa proie. Le 23 août (5 fructidor) seulement il envoya cet ordre fatal : convoquer une commission pour juger l'aide-de-camp de Georges. Rien que ce fait constituait une sorte de parjure. Quantin n'en avait pas conçu un moment le moindre scrupule et il est presque certain que jamais il n'admit la pensée d'épargner Kobbe, celui-ci eût-il fait les plus précieuses révélations, mais au Ministère de la police où cependant ne régnait ni la loyauté, ni la droiture, on s'était montré plus délicat, disons mieux plus prudent ; on avait longtemps hésité à violer la promesse faite par Quantin de ne point mettre Kobbe en jugement s'il dénonçait ; mais, comme il arrivait toujours dans les cas analogues, le « cri de mort » l'emporta ; la police ordonna le jugement et, pour se laver de toute tache de mensonge ou de parjure, elle déclara que les révélations de Kobbe demeuraient insuffisantes, que sans doute ses renseignements sur la situation des rebelles, leur nombre, leurs chefs, leurs moyens avaient été utiles mais qu'il n'en avait donné aucun sur le projet de livrer Belle-Ile.

Elle voulait donc non seulement qu'il trahît son parti mais encore qu'il se trahît lui-même à bon escient. Mais ce prétexte ne pouvait redouter ni contrôle, ni discussion.

Cette fois-ci donc tout faisait supposer que la haine sanguinaire de Quantin allait être satisfaite et la résistance désespérée de Kobbe anéantie. En effet le 31 août (13 fructidor) il fut conduit dans une des salles de la maison commune du Palais. C'est là qu'eut lieu le jugement. Voici l'analyse du procès-verbal :

Par devant la commission militaire composée de Virideau, chef de brigade de la 30° légère, président ; Froment, chef de bataillon ; Gaignière, capitaine de la 5° compagnie du 1er bataillon; Debain, capitaine ; Hugot, lieutenant des grenadiers du 2° bataillon, tous quatre de la 77me demi-brigade d'infanterie de ligne ; Roullier, sous-lieutenant de canonniers garde-côtes; Luthereau, sergent de la 1re compagnie de grenadiers ; et Pierre Layous, capitaine faisant fonction de rapporteur, ces deux derniers de la 77me demi-brigade de ligne, en vertu de l'arrêté des consuls du 21 nivôse an IX, en vertu aussi des lettres du Ministre de la police des 16 pluviôse, 7 ventôse, 12 germinal, 24 floréal et 5 fructidor derniers, a comparu Jacques Kobbe, accusé etc...

Après avoir été aux opinions à huis clos, vu que Kobbe n'est pas suffisamment convaincu d'avoir participé à la conspiration et vu d'autre part le danger qu'il y aurait à le voir libre et ses antécédents, la commission militaire condamne Jacques Kobbe dit la Ronce à être détenu jusques et y compris un an après la paix générale.

Il était neuf heures du soir quand cette sentence fut prononcée ; les juges en remirent la signature au lendemain ignorant, dit le capitaine Layous, sur quelle loi l'appuyer. Celui-ci ajoutait : « Il n'y en a point d'applicable ». Car dès le soir même sans tarder cet officier, rapporteur dans les deux procès, envoyait à son supérieur le compte-rendu de la séance. Il s'y montra tout à la fois désappointé et mécontent de la condamnation obtenue et chercha à prouver qu'il avait tout fait pour mieux réussir.

« Je suis surpris, dit-il, (que Kobb n'ait pas été condamné à mort), étant donné les exemples très indispensables déjà faits. Je n'ai pourtant rien négligé pour dévoiler les crimes dont il s'est abreuvé. »

Quelle colère en effet dut s'emparer de Quantin lorsqu'il apprit que sa proie lui échappait, que les exécutions sanglantes du 24 mai ne se renouvelleraient plus ! Aussi cet homme ne balança pas. Le surlendemain du jugement 2 septembre (15 fructidor) il écrivait au ministre de la police, enflant son style de même que l'indignation enflait son âme :

« Le jugement contre Kobbe, dit-il en substance, a
« jeté la consternation dans l'île et le Morbihan. Contre
« ce jugement l'universalité des personnes sans dis-
« tinction d'opinion, de sexe ni de profession crie :
« *Tolle ! tolle !* »

Et en même temps il cherchait des motifs de cassation ; il en trouvait dans ce fait que la commission n'avait pas procédé séance tenante et sans désemparer ; enfin il concluait en demandant que le jugement fût annulé et qu'il reçût l'autorisation de former une autre commission.

« Jusqu'à votre réponse, je garde Kobbe au cachot
« dans la citadelle ».

Puis dans un post-scriptum, revenant à ce jugement si violemment détesté :

« Les défenseurs de Kobbe, les citoyens Trottemé et
« Gallène sont eux-mêmes extasiés, plus anéantis de ce
« succès inespéré ».

Il eût été cependant aussi humain que juste de faire sortir le chouan de son infect cachot, car on ne séjournait pas impunément pendant des mois dans ces sortes d'oubliettes sans air et sans lumière. En effet Kobbe tomba

malade et il fallut l'envoyer à l'hôpital, mais Quantin l'y poursuivit de ses persécutions. « Je suis naturelle-
« ment méfiant et je le dois », disait-il, et sous ce prétexte il fit mettre les fers aux pieds de ce malheureux.

D'ailleurs le général continuait à harceler le Ministre de la police de ses réclamations. Le 27 septembre (7 vendémiaire) il demande : 1° une prompte abrogation du jugement, 2° un blâme à la commission, 3° qu'un conseil de guerre de défense soit chargé de l'affaire « parce que
« le délit de Kobbe eut lieu l'ennemi signalé et que la
« colonie était en état de siège ». On voit que le commandant de Belle-Ile n'abandonnait pas facilement ses idées.

Mais son animosité contre sa victime ne rencontrait pas comme seuls obstacles la légalité dont les défenseurs attitrés se montraient d'ailleurs si faibles et si infidèles, ni encore l'inertie des bureaux de la police que stimulaient fréquemment les haines de Fouché et l'impérieuse volonté de Bonaparte ; elle avait à lutter contre l'amour d'une femme, de la femme de Kobbe, Yvonne Chevilier.

Celle-ci ne doutait évidemment pas que le jugement du 31 août ne fût attaqué avec fureur ; il est probable même qu'elle eut officieusement connaissance des démarches de Quantin. En tout cas elle chercha tous les moyens possibles pour arracher son mari au danger qui le menaçait. Elle voulut probablement le faire évader et dans ce but recourut à des tentatives de corruption, ou bien encore fit des démarches auprès des chefs royalistes et des chouans les plus audacieux pour ourdir un plan de fuite. C'est ce qui nous expliquerait différents termes de la lettre de Quantin du 27 septembre, tels que ceux-ci :

« Les pareils, les partisans de Kobbe s'agitent au con-
« tinent, l'or circule, Kobbe pourrait se soustraire à la

« surveillance stricte que je fais exercer sur lui »,
et aussi pourquoi il demande plus loin l'arrestation de
cette femme :

« Je crois de mon devoir de vous prévenir qu'il est
de la plus haute prudence d'ordonner la réclusion de
la femme Kobbe actuellement à Vannes. « Cette mé-
« gère est dans son genre aussi dangereuse que son
« féroce mari. Je désire même que vous doutiez un
« instant de ce que j'ai l'honneur et la force de vous
« avancer sur le compte de cette femme qui a beaucoup
« de pareilles, afin que les autorités civiles supérieures
« de Vannes soient consultées ».

Si le général Quantin attendit la fin du mois de septembre 1801 pour demander qu'on arrêtât Yvonne Che-
villier, c'est évidemment qu'à ce moment celle-ci redou-
blait d'activité dans l'espoir de sauver son mari. Mais
malgré le réquisitoire du commandant de Belle-Ile on
ne la jeta point en prison.

Du reste le persécuteur de Kobbe allait bientôt quitter le poste qu'il avait sauvé. Il écrira encore le 29 septembre, toujours dans la même pensée. Cette fois il
rectifie ce qu'il disait ou ce que disaient les rapports
envoyés à Paris sur le jugement du 31 août. Kobbe
n'avait pas été condamné à une simple réclusion à l'una-
nimité des suffrages comme en témoignaient ces pièces ;
quatre membres s'étaient prononcés pour la mort !

« Je le tiens, disait Quantin, des citoyens Froment
« et Debain, membres, chef de bataillon et capitaine
« de grenadiers ; ce que les citoyens Hugo lieutenant
« et Roulier sous-lieutenant répétèrent publiquement
« au citoyen Muller mon aide-de-camp ».

Manière ingénieuse pour dévoiler le secret des votes
et remplir l'office de délateur, mais qui ne fait honneur
ni au général haineux qui l'emploie ni aux officiers
craintifs qui en donnant leurs noms lui ont fourni l'oc-

casion de l'employer. Tels furent la dernière lettre et le dernier acte de Quantin dans cette affaire.

De son côté, la femme Kobbe s'adressait bientôt, vers la fin d'octobre, au nouveau préfet du Morbihan, l'adjudant-commandant Jullien arrivé à Vannes le 30 septembre 1801. Celui-ci répondit par de bonnes paroles. « Son âme aussi belle que généreuse a bien voulu s'in-« téresser en faveur de l'humanité souffrante », écrivait plus tard la pétitionnaire ; mais il observa que, Belle-Ile étant hors la constitution, il n'avait aucune autorité directe sur les prisonniers du Palais, qu'il pouvait seulement transmettre à qui de droit les doléances de la plaignante.

Heureusement, comme nous l'avons vu, ce ne fut pas au général Quantin qu'elles parvinrent ; le général de brigade Roulland commandait provisoirement à sa place. Ce militaire ne désirait qu'une chose, en finir. Aussi, tout en accusant réception à Jullien des plaintes d'Yvonne Chevilier, priait-il le préfet d'insister auprès de la police pour qu'elle donnât une rapide solution à l'affaire Kobbe. « Je serais flatté d'en être débarrassé « d'une manière ou d'une autre ».

Désormais les lettres accusatrices réclamant le jugement et le supplice du lieutenant-colonel royaliste s'arrêteront ; le sort de cet homme ne se débattra plus qu'au siège du pouvoir central.

Mais au mois d'octobre sa cause eût dû paraître bien compromise ; Fouché donnait raison à ses ennemis ; il partageait leurs vues ; ses bureaux lui dépeignaient Kobbe sous les couleurs les plus noires. Ceci du reste n'avait rien d'étonnant, car aux continuels réquisitoires de Quantin étaient joints ceux des patriotes notables du Morbihan, tels que Lapotaire et Danet aîné, membres du Corps Législatif. Ces personnages qui, en leur qualité de députés attitrés de la circonscription, correspondaient avec le pouvoir central par dessus la tête des autorités constituées, surveillant même et dénonçant celles-ci, renseignant secrètement et directement la police, avaient réclamé la peine capitale contre Kobbe. Aussi paraissait-on bien décidé en haut lieu à casser le jugement du 31 août et à livrer le chouan à une commission nouvelle et moins indulgente.

Pour agir avec quelque légalité, Fouché consulta son collègue de la justice. Celui-ci répondit à peu près de la façon suivante :

« Le jugement de la commission est irrégulier comme ne se fondant sur aucune loi et comme semblant inspiré par une coupable indulgence. Néanmoins les jugements des commissions semblables ne sont attaquables que comme actes administratifs ; il faut donc en référer aux Consuls. »

C'est bien aussi ce que disait, mais avec une arrière-pensée d'indulgence, la note suivante émanée de quelque fonctionnaire de la police :

« Notte pour le ministre. — D'après la jurisprudence ordinaire les commissions militaires ne sont sujettes ni à appel ni à révision. Ainsi il paraîtrait qu'on ne peut les infirmer sous aucun prétexte. Le ministre appréciera si le défaut de forme du jugement « suffit pour « provoquer une mesure extraordinaire. S'il ne le « trouve pas » on pourrait se borner alors à rendre le prévenu l'objet d'une surveillance particulière après la fin de sa détention. »

Ce ne fut pas sur ce ton que Fouché rédigea son rapport à Bonaparte. Il s'y montra nettement hostile à Kobbe, demanda la cassation du jugement et prit pour son compte toutes les accusations et toutes les réclamations de Quantin ; il alla même jusqu'à prétendre que le chouan n'avait fait que des révélations insignifiantes. Un autre policier disait au contraire avant le 31 août :

« Les révélations de Kobbe étaient exactes mais
« elles prouvent qu'il était très mêlé à la chouanne-
« rie, et comme on ne lui a donné sans doute que des
« espérances vagues, il n'y a pas d'inconvénient à le
« faire juger. »

Fouché fut moins franc ou plutôt il déguisa la vérité d'une façon différente. Il faisait valoir ensuite, comme on le lui avait suggéré, que le texte du jugement ne s'appuyant sur aucune loi, cet acte paraissait entaché d'un vice de forme, mais que, les sentences des commissions militaires ne pouvant être attaquées qu'au point de vue administratif, c'était aux Consuls de prononcer et d'établir un conseil de révision pour annuler le jugement comme irrégulier.

C'est en marge de ce document émané de la police que nous pouvons lire les diverses vicissitudes de son sort. Il y a d'abord écrit :

« Renvoyé par le premier Consul au Consul Cambacérès. Paris, le 25 frimaire » (17 décembre 1801).

Et plus bas :

« Il serait nécessaire que le ministre de la police produisit la sentence. Paris, le 29 frimaire, an X (20 décembre 1801). Le premier Consul. Signé : Bonaparte. »

Enfin, en haut de la pièce sous les premiers mots « Citoyens Consuls » la conclusion apparaît dans cette simple phrase :

« Revenu sans décision, 2 pluviôse (22 janvier 1802).

Ces trois simples mots ne devraient évoquer qu'une pensée d'incertitude, ils apparaissent au contraire comme le verdict final de grâce pour Kobbe. En effet c'était l'oubli, la détention sans doute, peut-être même la détention indéfinie, mais en somme l'obscurité et l'oubli. Le prisonnier perdait la crainte obsédante de la mort toujours menaçante et gardait en même temps l'espérance. Il est probable que cette solution ressemblant plus à du dédain qu'à de la miséricorde fut en grande partie due au rétablissement de la paix avec l'Angleterre. La signature du traité d'Amiens remontait au mois d'octobre 1801. Il est clair que dès lors disparaissait la nécessité de faire un exemple en sacrifiant ceux qui avaient voulu livrer Belle-Ile aux Anglais. Pour Fouché et pour bien d'autres patriotes, il restait la raison de haine et celle d'anéantir le parti royaliste en frappant un de ses chefs ; mais en 1802 le gouvernement des Consuls semble plus porté à la clémence ; sa politique vis-à-vis des chouans se modifie peu à peu et, au lieu de massacrer, de n'admettre aucune reddition, il incline vers l'idée de les envoyer aux colonies ou même de les reléguer en France dans des régions éloignées de l'ancien théâtre de la guerre civile.

Il est fort peu probable que l'oubli sytématique équivalant à une grâce dont Kobbe bénéficia lui fut valu par une nouvelle pétition de sa femme adressée à Fouché le 28 novembre 1801 (7 frimaire). Cette pièce n'offre d'ailleurs quelque intérêt que comme plaidoyer et comme reproduction du système de défense suivi par l'ancien grenadier de Walsh. Elle n'est pas olographe ; Yvonne Chevilier savait à peine écrire et elle n'a fait qu'apposer au bas du document sa signature suivie de ces mots : « famme dus citoyen Kobbe. »

Voici l'analyse exacte de cette pièce entremêlée de quelques phrases citées textuellement :

« Citoyen, *Jacques Kobbe* dans l'erreur a malheureuse-
« ment été du nombre de ceux qui se sont coalisés
« dans les départements de l'Ouest pour favoriser un
« système qui ne pouvait pas se soutenir. » La journée du 18 brumaire lui a ouvert les yeux, la clémence du premier magistrat de la République l'a engagé de profiter de l'amnistie aux égarés. Il a remis ses armes

aux généraux Brune et Robert (1), fit sa soumission entre les mains du préfet Giraud et s'est retiré à Plougoumelen, à une lieue et demie d'Auray. Voulant ouvrir un commerce proportionné à ses petits moyens, il s'associa avec le citoyen Longin de cette commune pour aller à Belle-Ile y acheter du suif et des peaux qu'il aurait été échanger à Bordeaux contre d'autres marchandises. Il avait pris son passeport en Plougoumelen et fut arrêté à Belle-Ile, impliqué dans un complot pour livrer Belle-Ile aux Anglais.

« Il a été confondu dans la procédure intentée contre
« les auteurs de cet horrible attentat qui ont subis la
« peine dûe à leur crime et, par une fatalité inconce-
« vable, on n'a pas voulu alors reconnaître son inno-
« cence résultante de l'aveu même des accusés. Il a
« été sursis à son jugement sous prétexte, à ce que l'on
« disait, de tirer de lui des renseignements sur un
« parti qu'il avait abandonné depuis longtemps et
« qu'il ne fréquentait plus. » Il n'a pu donner aucun détail, étant repentant du passé et ignorant ce qui s'était passé depuis sa reddition. Ses ennemis lassés ont fini par faire prononcer sur son sort et le 13 fructidor un jugement fut rendu qui le condamnait à la détention jusques et y compris un an après la paix générale. Cependant ce jugement avait été précédé des déclarations des juges de paix d'Auray, de Vannes et de Plougoumelen attestant la véracité de ses réponses aux interrogatoires et l'honnêteté de son existence politique depuis sa reddition.

Il n'attaque pas ce jugement sans appel « dont les
« considérants paraissent établis sur des préventions
« du passé et des circonstances futures. Je croirais
« abuser de vos momens précieux si je vous entretenais
« des souffrances qu'il a endurées, chargé de fers avant

---

(1) Ajouté en note au texte de la pétition ce simple mot : Debelle.

« son jugement dans un cachot isolé, privé de toutes
« communications..... Il est condamné à la peine de la
« détention et on lui fait subir celle de la gesne. De-
« puis son jugement comme auparavant il a toujours
« été chargé de fers dans les cachots d'une isle où ses
« accusateurs, irrités de ne l'avoir point fait succomber,
« sont ses geôliers. »

J'ai adressé mes plaintes au préfet Jullien « dont l'âme, etc. » mais il n'a pu que vous les faire passer avec la réponse du commandant. Vous êtes donc le seul à qui je puisse m'adresser non pour faire réformer le jugement « quelqu'injuste qu'il puisse être, mais pour « empêcher qu'on en aggrave les effets. Il est détenu « mais il ne doit pas être chargé de 60 livres de chaînes.

Brisez donc les fers auxquels il n'est pas condamné et, « si les effets de votre justice voulaient s'étendre plus « loin, ordonné que pour subir sa peine il sera trans- « féré dans les prisons de Vannes où il sera éloigné de « ses ennemis et où je pourrai lui procurer plus facile- « ment les faibles secours de mon travail. »

La démarche de la femme Kobbe ne valut sans doute pas la vie à son mari, mais il est fort possible qu'elle lui procura un peu de soulagement dans sa captivité. Du reste le principal ennemi du royaliste n'était plus là et, par la force même des choses, les autres gardiens de l'ex-insurgé devaient s'humaniser. En effet la correspondance officielle ne contiendra plus de requêtes dirigées contre Kobbe ; il n'y sera dorénavant question que de ses divers déplacements et que de ses plaintes contre la durée de sa détention.

Le jugement du 31 août était donc définitif et l'affaire de Belle-Ile se trouvait réellement terminée. Il ne nous reste plus qu'à raconter en quelques lignes ce que devinrent les condamnés et notamment leur chef ancien officier de Cadoudal.

III

Sort des divers condamnés. Conclusion.

Jacques Kobbe resta dans la citadelle du Palais jusqu'au mois de mai 1802. A cette époque de toutes les prisons du Morbihan affluèrent à Lorient les individus détenus par mesure de police ou qualifiés « espions et complices des Brigands ». Le gouvernement, comptant les envoyer aux colonies, les mettait à la disposition du préfet maritime de ce port. Kobbe fut du voyage ; un autre prisonnier de la citadelle dont le nom nous a échappé l'accompagnait.

Cette seconde phase de sa captivité fut presque aussi longue que la première ; il eut à y souffrir beaucoup moins de tortures morales qu'à Belle-Ile, mais y endura presque autant de souffrances physiques ; ses geôliers y étaient meilleurs mais la misère, toute aussi grande, s'y trouvait encore accrue par l'accumulation des détenus. Leurs plaintes continuelles parvenaient sans cesse à la préfecture du Morbihan, au Ministère de la police ou au palais des Consuls. La situation morale de ces malheureux se mit au niveau de leur détresse matérielle. Le désespoir les poussa à des résolutions extrêmes ; plusieurs tentatives d'évasion eurent lieu, quelques-unes réussirent, un des prisonniers essaya de se suicider. De son côté, Kobbe prit part aux nombreuses pétitions que les détenus rédigèrent ; lui-même écrivit personnellement à Bonaparte en donnant quelques détails sur son arrestation.

A la fin de mai 1803, le gouvernement fit demander ceux d'entre ces victimes de la police qui désireraient prendre du service dans la gendarmerie ou les troupes coloniales. Kobbe adressa une demande dans ce sens aux autorités du Morbihan, mais à la condition de pouvoir se faire suivre de sa femme et de sa fille. Le préfet Jullien y joignit un avis favorable ; quant à la permission pour l'ex-chouan d'emmener sa famille, on verrait, proposait-il, à l'accorder si les circonstances le permettaient.

On ne donna suite ni à ces projets, ni à ces vœux. L'ex-grenadier de Walsh ne quitta pas la France, mais le 18 juillet 1803 il partait avec seize de ses compagnons de captivité pour le Dépôt Colonial de Nantes, et le nom même de l'établissement sur lequel on les acheminait montre qu'on pensait toujours à les exiler outre-mer. Mais la guerre contre la Grande-Bretagne avait recommencé et il ne semblait plus facile d'envoyer aux colonies des convois de déportés.

Etait-ce pour cette raison, était-ce parce que le Sénat Conservateur venait de statuer sur les réclamations des prisonniers de la police que ce dépôt colonial fut à son tour licencié ? Nous l'ignorons, mais ceux qu'on y avait envoyés se virent bientôt dispersés. Kobbe reparut dans le Morbihan, mis par le Ministre de la guerre à la disposition du préfet Jullien. Celui-ci ne savait qu'en faire ; il ne voulait à aucun prix le voir libre dans son département et ne se souciait pas beaucoup non plus de le garder captif dans quelque geôle. Il négocia avec le Grand Juge Régnier et finalement on convint d'envoyer Kobbe à Epinal, son pays d'origine, avec sa femme et sa fille pour y vivre sous la surveillance de la police. Un passeport fut donné à l'ex-conspirateur et le 23 novembre 1803 l'ancien lieutenant de Cadoudal partait, conduit par la gendarmerie de brigade en brigade, jusqu'à Angers considérée comme limite extrême des départements insurgés de l'Ouest. De cette ville, il gagna seul, avec les deux êtres chers qu'il avait tant craint de ne plus revoir, son département natal des Vosges.

Ainsi finit le rôle de ce soldat de Walsh qui, sans instruction et sans grande conviction peut-être, parvint à se montrer aux premiers rangs de l'insurrection morbihannaise. Sorti de l'obscurité, il rentrait alors dans l'obscurité et pour toujours, ne laissant de son rapide passage dans l'histoire que des traces demi-effacées, qu'une renommée ici de bravoure et d'audace, là de ruse, de faiblesse et même de cruauté, en un mot faisant entrevoir l'image plutôt d'un aventurier sans grands scrupules que d'un champion frappé dans la défense d'une sainte cause.

Quel fut le sort des autres conjurés ? Il semble qu'ils purgèrent purement et simplement leur peine. Loréal ne comparut pas devant le tribunal criminel du Morbihan et paraît en avoir été quitte pour la peur et pour une surveillance plus ou moins longue et tracassière.

Telle fut la fin de ce complot avorté. La conception en était fort audacieuse parce que depuis longtemps Belle-Ile était gardée avec le plus grand soin et qu'à chaque recrudescence soit de l'insurrection, soit de la guerre maritime on prenait de nouvelles mesures pour la mieux mettre en état de défense.

Du reste le projet ne pouvait réussir. Quand un parti tombe, qu'il est mourant, il n'a plus le pouvoir de séduire et ceux qu'il parvient à recruter ou à soudoyer dans le camp ennemi restent plutôt des traîtres qu'ils ne deviennent des alliés nouveaux. Même parmi ses défenseurs, une cause agonisante compte peu de soldats énergiques et dévoués ; la majorité de ses champions se rebutera devant le moindre obstacle ou fera défection à la moindre déroute. C'est pour cela que tout semble se réunir contre un parti malheureux.

Aussi l'histoire doit-elle honorer ces hommes qui luttent jusqu'au bout et qui consacrent leur vie entière et leur mort même au triomphe d'une grande idée, surtout si cette idée est une idée patriotique et religieuse. Tel se montra Cadoudal qui apparaît à l'arrière plan de cet épisode. Cependant, lorsque leur parti tombe, ces grands cœurs s'illusionnent facilement sur leurs projets et les hommes qu'ils emploient. Car parmi ceux-ci, les uns n'ont pas fait leurs preuves, les autres comme Kobbe et peut-être Renard sont excellents pour une lutte à main armée ou pour une tentative audacieuse mais ils trembleront devant des juges. Les âmes héroïques sont rares ; on peut trouver là, pour l'histoire de la Chouannerie, l'explication de bien des insuccès et de bien des trahisons.

Sources principales : *Archives nationales*, F 7 *6271, 6228, 6229*. — *Arch. du Morbihan. (Haute police et simple police an IX, an X, an XI) M.* — *Préfecture.* — (*Police générale*, ans *VIII–XII*) M. — *Liasse non classée* (*Chouannerie Sûreté publique*, an *VIII–IX.*)

FIN.

Vannes. — Imprimerie LAFOLYE FRÈRES.

APPENDICE

Nous avons représenté dans le courant de cette étude le nommé Quérel, qui avait coopéré à la conspiration de Belle-Ile puis trahi le secret des conjurés, comme originaire de Sarzeau, officier de santé et enfin comme royaliste notable.

Ces divers détails sont inexacts. Il y a eu ici confusion entre deux personnages distincts et même appartenant à des familles différentes.

Grâce aux recherches de M. le docteur de Closmadeuc qui s'est attaché à mettre ce fait en lumière, nous sommes en mesure de rectifier l'erreur. Voici donc ce qui résulte des renseignements que cet éminent érudit a bien voulu nous communiquer.

Le Quérel de notre récit s'appelait en réalité Jean-Marie-François Querrel. Il était né à Auray en 1776, mais de parents Bellilois; lui-même fut élevé dans cette île où son père, après y avoir fait le commerce, tenait provisoirement en 1799 une étude de notaire. A cette époque, par suite de l'insurrection royaliste, on organisa les compagnies franches; le jeune Querrel fut enrôlé dans celle d'Auray; mais, comme la plupart de ses camarades, il déserta et passa aux chouans où il servit sous les ordres de Jacques Kobbe. Trois ou quatre mois après, la pacification de février 1800 lui permit de rentrer dans sa famille. S'étant ensuite exonéré du service militaire moyennant la somme de

300 francs, il s'attacha comme employé à son oncle François Cauzique, d'Auray, gros négociant, alors propriétaire légal du Plessisker, dont Jacques Jouanno se trouvait le fermier. — En décembre 1800, au moment où commence l'histoire de la conspiration, Jean-Marie Querrel était occupé, pour le compte de son oncle, à exploiter le bois de cette propriété, ce qui le mettait en rapport continuel avec Jouanno. Il est probable que Georges l'engloba dans ses desseins, qu'il partit pour cela à Belle-Ile, et que là une circonstance quelconque le mit à la merci du général Quantin, qui s'en servit dès lors comme espion et agent provocateur.

Le Quérel que nous avons confondu avec ce dernier s'appelait Jean-Pierre Quérelle et était né à Vannes en 1772 de parents Vannetais. Il se fit ensuite chirurgien, servit pendant six années consécutives sur la flotte comme officier de santé et vint enfin exercer la médecine à Sarzeau. Plus tard, il se lia avec les royalistes, prit part à la conspiration de Cadoudal, fut arrêté et dévoila tout pour sauver sa vie.

Les deux Quérel sont donc totalement distincts et n'ont de commun qu'une grande similitude de nom et leur rôle de dénonciateurs.

www.ingramcontent.com/pod-product-compliance
Lightning Source LLC
LaVergne TN
LVHW050611090426
835512LV00008B/1433